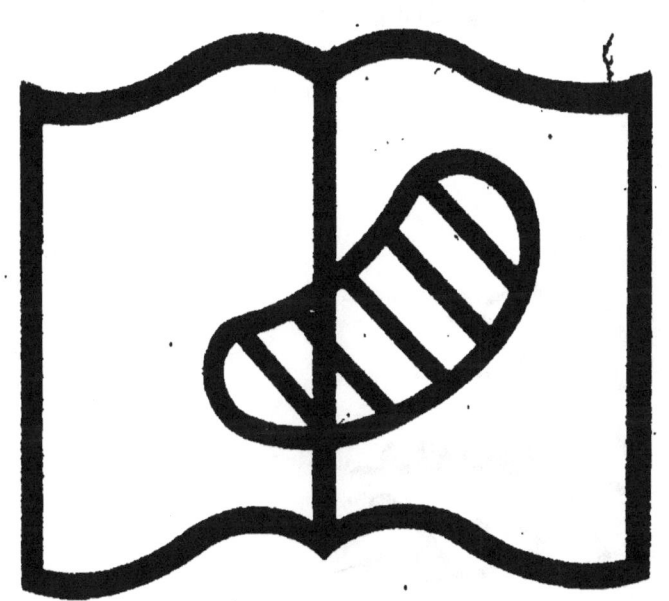

Original illisible

NF Z 43-120-10

"VALABLE POUR TOUT OU PARTIE
DU DOCUMENT REPRODUIT".

VISITE

RENDUE

PAR L'ANGLETERRE A LA FRANCE.

Paris. — Imp. de J.-B. Gros, rue du Foin-St-Jacques, 18.

VISITE

RENDUE

PAR L'ANGLETERRE A LA FRANCE,

OU

UNE SEMAINE A PARIS

PENDANT LES VACANCES DE PAQUES.

GUIDE

POUR LES VOYAGEURS DES EXCURSIONS FUTURES;

PAR

ALPHONSE BALLEYDIER.

PARIS

A L'OFFICE GÉNÉRAL

Des Chemins de fer et Navigation,

12, PLACE DE LA BOURSE.

—

1849.

INTRODUCTION.

Visite de la Garde nationale de Paris à Boulogne, Calais, Douvres et Londres.

PREMIÈRE LETTRE.

DE LA ONZIÈME LÉGION A LA PREMIÈRE.

Calais, 21 octobre 1848.

Ma chère amie,

Il faut que vous connaissiez le motif et le but de notre campagne à Calais. C'est une visite fraternelle que nous sommes venus rendre à nos compagnons d'armes; c'est un drapeau d'honneur que nous avons apporté aux braves de Calais qui sont venus, eux, par de bien mauvais jours, nous apporter le concours de leur courage, de leur patriotisme et de leur dévouement à la patrie. Hélas ! l'étendard hideux de la guerre civile flottait au vent des révolutions ! au bruit sourd du canon se mêlait le sifflement des balles et le cri déchirant du tocsin ; le sang coulait à flots, car la mort, qui moissonnait dans Paris, avait aiguisé le tranchant de sa faux sur les pavés des barricades.

Alors, tandis que l'émeute, engagée avec d'immenses proportions, recrutait dans les passions surexcitées des masses ouvrières, fatalement égarées, le son du tambour nous annonçait d'heure en heure, l'arrivée des nouveaux bataillons que nous envoyaient les provinces. Alors la garde nationale de Calais fut une des premières au rendez-vous de l'honneur.....; l'une des premières elle devait recevoir la visite de la fraternité au rendez-vous de la reconnaissance. Voilà pourquoi la onzième légion, formant le noyau de tous les gardes des autres légions de Paris, se trouve à Calais. Maintenant, jetons un voile de cyprès sur les sinistres journées de juin, et reprenons le cours de notre récit.

C'est samedi soir, à 7 heures, qu'au nombre de quinze cents hommes de toutes armes, nous sommes venus prendre garnison de 48 heures à Calais. La population tout entière était debout pour nous recevoir. Notre entrée, semi-officielle, s'est faite alors aux flambeaux, musique en tête, et aux cris incessamment répétés de : *Vive la garde nationale de Paris! Vive la ligne! Vivent les Calaisiens!* Le soleil des illuminations avait remplacé les clartés du jour, car, pour éclairer les ténèbres de la nuit, l'antique cité des siéges héroïques avait couronné son front d'un immense diadême de feu. Le bonheur était dans toutes les âmes, la joie brillait dans tous les yeux!

Quelques instants après, rompant les rangs, chacun de nous se dirigea vers le toit hospitalier que lui avait préparé la sollicitude de l'administration municipale.

Quelle bonne et quelle franche hospitalité

nous était réservée à Calais ! Il est tard, car la nuit est déjà bien avancée; cependant, nous oublions, devant les bons et rayonnants visages de nos hôtes, la fatigue des 380 kilomètres parcourus dans la journée. Allons, encore un toste pour clore dignement cette première journée de fête..... *A toutes les gardes nationales de France!* Maintenant, à demain.

DEUXIÈME LETTRE.

DE LA MÊME A LA MÊME.

Le jour vient de se lever.....; le tambour bat le rappel, il nous convoque hors les murs de la ville, afin de prendre des dispositions pour notre entrée officielle. Nous nous rangeons en bataille dans une caserne du faubourg Saint-Pierre; c'est là que les autorités municipales, en grand costume, et escortées de deux bataillons de ligne, viennent nous recevoir. Cette entrevue fut des plus cordiales. Les témoignages de la sympathie la plus vive éclatèrent de toutes parts. Les cris de *vive la garde nationale! vive la ligne! vivent les Parisiens! vivent les Calaisiens!* se marièrent, chaleureux et sincères, aux accords des plus belles fanfares, et au brillant tonnerre des salves d'artillerie.

A onze heures, nos colonnes brillantes et *astiquées* comme une division *des vieux de la vieille*, s'ébranlèrent et se mirent en marche entre deux haies de braves citoyens accourus de toutes parts pour fraterniser avec les Parisiens.

Dans ce moment, le soleil d'automne qui, depuis huit jours, s'était caché derrière de gros nuages noirs, éclaira le ciel avec toutes les splendeurs d'un soleil d'été.

Des arcs de triomphe, dressés dans les rues principales, s'élevaient sur leurs colonnades élégantes et parées de fleurs, jusqu'au premier étage des maisons pavoisées de mille drapeaux, et décorées avec un goût exquis de guirlandes, de drapeaux, de couronnes, de devises poétiques et de bouquets. Le mois d'octobre avait emprunté pour ce jour de fête la parure de son frère le mois de mai, et l'écrin du Mont-Parnasse. Apollon et Mars, se donnant le bras, marchaient en joyeux compagnons sous le drapeau d'honneur qui devait présider à la communion des frères. Il est onze heures et demie; notre petit corps d'armée débouche dans la rue nationale. Comment rendre le concert immense de ces acclamations enthousiastes qui saluent notre passage? Comment dépeindre ces sympathiques élans de cœur, se croisant dans les airs sous la pluie des fleurs et des couronnes échappées aux mains des femmes charmantes, étayées avec grâce aux balcons et aux fenêtres de chaque maison! On se rappelle le parfum d'une fleur, l'éclat d'un rayon de soleil, l'extase d'un regard ou d'un baiser d'amour; mais on ne saurait les reproduire, surtout lorsqu'on ne se trouve plus sous le charme magnétique qui poétise le regard, le rayon ou la fleur.

A midi précis, les troupes expéditionnaires,

les gardes nationales de Calais, celles des environs, et les bataillons de la garnison, formèrent un immense bataillon carré sur les quatre angles d'une fort belle place, au milieu de laquelle un riche baldaquin attendait l'arrivée du clergé, convoqué à cette fête de famille. Pour qu'elle fût complète, le ciel devait aussi fraterniser avec la terre....

Derrière ces remparts de baïonnettes étincellantes, fleuries par les dames calaisiennes, se presse une foule nombreuse et parée, dont l'enthousiasme croissant applaudit encore et toujours, en mêlant ses transports à la voix des cloches qui annonce le commencement de la fête religieuse.

Il est midi un quart, tous les fronts sont immobiles, tous les regards sont recueillis; les ministres du Dieu de la paix appellent les bénédictions célestes sur le drapeau de la guerre. Dieu veuille que ce glorieux jalon des champs de bataille ne reprenne jamais plus le chemin de Paris!

Après la bénédiction du drapeau que nous

venons d'offrir à nos frères de Calais, les discours des autorités; après les discours officiels, les vins d'honneurs offerts par le corps municipal, réuni à l'Hôtel-de-ville; après l'offertoire des vins d'honneur, une promenade militaire dans toutes les rues magnifiquement parées de verdure et de bouquets, puis, au milieu de tout cela, un ingénieux épisode spirituellement inspiré par un noble souvenir, à notre frère d'armes, M. l'architecte Horeau.

Ce digne artiste, spirituel autant par le cœur que par l'état, renonçant généreusement à l'une des plus belles couronnes qui vient de lui échoir en partage, s'empresse d'en couronner le front d'une statue, chargée de transmettre à la postérité l'exemple du plus héroïque dévouement, coulée en bronze sous les traits historiques d'Eustache de Saint-Pierre.

Encore de l'histoire! Et pourquoi devons-nous clore ainsi tristement une si belle journée? Nous inaugurons dans le vestibule le l'Hôtel de Ville, une plaque d'airain chargée, elle aussi, de porter à l'histoire les noms d'un brave jeune homme, et la fin glorieuse d'un volontaire Calaisien, mort héroïquement en juin sous les balles de l'insurrection parisienne.

La vie est une route plus ou moins longue, où chaque relai est une croix voilée de deuil; pardonnez-moi cette branche de cyprès jetée sur des feuilles de roses.

A demain.

TROISIÈME LETTRE.

DE LA MÊME A LA MÊME.

Aujourd'hui lundi. — Toutes les barques sur la mer sont pavoisées comme l'étaient hier les maisons de la rue; les Calaisiens doivent nous faire les honneurs de leur Océan. Après notre promenade maritime, on nous offrira une *monstrueuse,* pardonnez-moi cette bizarre alliance de mots, on nous offrira sur la grande place, une monstrueuse collation d'honneur.

Puis, notre dernière journée se terminera dignement par des concerts, des spectacles et des bals..... Le ciel est bleu, la mer est belle, le vent est prospère..... Partons, et que saint Marc et la Madone soient en aide aux matelots.. . . . . . . ՝ . . .

. . . .

. . . .

Hurra! Hurra! Hurra! La Manche des Anglais nous tend les bras, ou plutôt les bras des Anglais nous tendent la Manche. L'immense nation anglaise, cette superbe reine des mers, cette magnifique race d'hommes qui, désormais, entre nous ne veut plus d'autre rivalité que celle de l'amitié, l'Angleterre, enfin, nous attend sur ses fortunés rivages; le vent est prospère encore, le ciel est bleu, et la mer belle toujours, partons.

QUATRIÈME LETTRE.

DE LA MÊME A LA MÊME.

Londres.

Après nous être embrassé de compatriotes à compatriotes, à Calais, nous nous sommes serré la main de peuple à peuple, à Londres, et faisant ainsi, nous avons complété notre voyage de fraternisation. Ne sommes-nous pas tous les enfants du même père? les fils de Dieu?

Débarqués le 26 octobre à Douvres, les gardes nationaux, au nombre de 1,200 hommes, ayant à leur tête M. Monduit, chef de bataillon, se rendirent à l'hôtel du lord maire; cette visite de convenance fut accueillie pendant tout le trajet par les témoignages sympathiques de toute la population.

Les salons du lord maire se trouvèrent trop petits pour recevoir la totalité des visiteurs français, priés cependant, dans la personne de leurs officiers, à un déjeûner improvisé. Ce repas, arrosé par les meilleurs vins de France, fut cordial et animé; plusieurs tostes furent portés, le premier par le lord maire à la France et à la garde nationale de Paris! le second par le commandant Monduit à l'Angleterre et à la fraternité des peuples! Chacun de ces tostes, dévéloppés par de chaleureuses inspirations, furent couverts d'applaudissements.

Pendant ce temps là, les gardes restés en dehors étaient entourés par les habitants de la ville qui, de tous les côtés, accouraient pour leur offrir des raffraîchissements et pour fraterniser avec eux.

Quelques heures après, ravis de l'accueil qui nous avait été accordé à notre première étape, nous prîmes le convoi spécial qu'on avait préparé, et nous nous acheminâmes rapidement vers Londres. Il est certain que partout on était prévenu de notre arrivée, car partout, sur le passage de notre colonne, nous fumes salués par les acclamations des habitants, qui se précipitaient jusques sous nos portières au cri de : *Vive la France!* Il était huit heures lorsque nous arrivâmes à Londres. Nous avions une partie de la ville à traverser pour nous rendre dans Regent-Street, que nous avions choisi pour planter nos tentes de séjour. Les rues magnifiquement éclairées contenaient à peine les flots du peuple, empressé de voir les uniformes français qui, pour la première fois, resplendissaient dans la capitale de la Grande-Bretagne. La vue de nos douze cents hommes armés et revêtus des uniformes de toutes armes, infanterie, cavalerie, artillerie, pompiers, sapeurs, produisit une impression impossible à décrire, et que rien n'égale, si ce n'est le succès immense obtenu par notre tambour-major, nos musiciens, et surtout nos cantinières, qui avaient le bon esprit et le bon goût d'être jolies. Aussi les hurra nous accompagnèrent-ils pendant tout notre trajet qui ne dura pas moins d'une heure.

Il est dix heures.... N'importe malgré les

fatigues du voyage, malgré les exigences de la faim, qu'on prend à peine le temps de satisfaire, nos camarades, émerveillés des magnificences de Londres, se répandent dans les rues de cette immense ville, séparément, en colonnes, ou bien sous la conduite de bienveillants cicerone.

L'un de nous, M. Gonnet, capitaine commandant la 3me du 3me de la onzième légion, est introduit dans une des principales tavernes, et y reçoit une brillante ovation.

A la vue de son uniforme et de sa décoration, tous les Anglais se lèvent, se découvrent, se précipitent à sa rencontre, et lui prennent les mains dans une brûlante et cordiale étreinte. La musique au même instant se fait entendre, c'est un air national de France qu'elle exécute aux applaudissements de tous, et aux cris mille fois répétés de vivent les Français !

Le capitaine commandant Gonnet, fortement ému, prend la parole, et dans une courte mais éloquente allocution, il remercie les An-

glais de l'accueil qu'en sa personne ils accordent à la France : « Messieurs, leur dit-il,
» serait-il donc venu, le jour où s'accompli-
» rait le vœu de notre grand poète Béranger :

Peuples, formez une sainte alliance
Et donnez-vous la main !

» Je le crois, car, à mesure que le progrès s'a-
» vance, disparaissent des haines insensées de
» peuple à peuple. Aujourd'hui nos anciennes
» inimitiés ont disparues, ainsi que les ab-
» surdes préjugés. L'Angleterre et la France,
» unies dans une même pensée, peuvent civi-
» liser le monde et le dominer au besoin.

» A l'union des peuples, Messieurs ! à l'u-
» nion de l'Angleterre et de la France ! »

L'enthousiasme provoqué par ces paroles généreuses devint tel, que le capitaine commandant Gonnet et ses amis eurent mille peines à se soustraire aux applaudissements et aux acclamations qui les suivirent au-delà des portes de la taverne.

Dans le même temps nos compagnons

d'armes parcouraient la ville en tous sens et oubliaient leurs fatigues à la vue de ses splendeurs. Les uns, égarés dans les tavernes, faisaient honneur au porter et à l'ale, fraternellement versés et copieusement bus à l'union intime des deux nations. Les autres, artistes et philosophes, les premiers, disciples du *beau*, les seconds, jurés expérimentés du *laid*, faisaient des études de mœurs d'après nature, au milieu des rues lumineusement éclairées, ainsi que nous l'avons déjà dit, par d'innombrables becs de gaz, et peuplées par d'innombrables modèles, prêts à poser pour tous les genres. Ici les fantassins et les cavaliers, là les artilleurs et les pompiers, plus loin les musiciens et les cantinières se couchent en des chambres transformées en corps de garde, à la barbe des sapeurs qui servent de gardes du corps aux cantinières, ou bien achèvent joyeusement la soirée devant d'énormes bols de punch entretenus par les larges mains du tambour major.

C'est ainsi que se termina cette première

journée commencée à Calais, illustrée par une traversée de deux heures et demie, excellente pour les poissons qui aiment déjeûner gratis aux frais des voyageurs, et signalée par un voyage de chemin de fer de quatre heures.
A demain.

CINQUIÈME LETTRE.

DE LA MÊME A LA MÊME.

Londres.

Quel peuple que le peuple anglais! quelle nation que cette nation plantée dans l'océan comme un nid d'aigle dans les mers! quel génie que le génie de ces hommes qui semblent contenir le monde entier dans le petit espace de terre qui leur sert de patrie! quelle splendeur! quelle puissance! quelle richesse! comme ils sont beaux ces docks, où s'abritent ces mille vaisseaux accoutumés à braver les tempêtes, à dominer les flots des mers! comme ils sont majestueux ces mille vaisseaux, mines californiennes, accoutumés à recevoir dans leurs flancs tous les trésors des mondes connus ! comme il est fier, ce pavillon britannique qui sert de girouette à l'Océan ! Oui, le peuple anglais est un grand peuple ! oui le peuple anglais est un noble peuple ! il n'a eu dans son passé qu'un seul rival au monde, le peuple français ! ce rival ne sera plus dans l'avenir qu'un frère et un ami !

SIXIÈME LETTRE.

DE LA MÊME A LA MÊME.

Voici le second jour que nous sommes à Londres et nous avons déjà vu bien des merveilles, la jonque chinoise avec son équipage plus véritablement Chinois que ne sont Turcs nos compatriotes de la rue Mouffetard, *négociants* en pastille du Sérail; le fameux Tunnel, tour de force plus surprenant qu'utile ; l'église de Saint-Paul, le plus grand temple de l'Europe après celui de Saint-Pierre de Rome;

Greenwich, l'*Hôtel des Invalides* des marins anglais; Westminster; la Tamise et la Tour de Londres. La Tour, ce musée vivant des gloires anglaises, gardée par les invalides militaires de cette grande nation. Cette dernière visite a donné lieu à l'intéressant épisode que voici. Parmi nous se trouvait un vieux soldat de l'Empire, M. Rougier, amputé d'une jambe; au nombre des invalides se trouvait un vieillard amputé d'une main, la main droite, car selon son expression ce fut la *main du cœur* que le soldat de l'Angleterre offrit au soldat de la France.

— Où avez-vous perdu la main qui vous manque? demanda celui-ci.

— A Waterloo, répondit l'Anglais.

— A Waterloo, s'écria M. Rougier, c'est là que j'ai laissé ma jambe; et il ajouta : n'importe, embrassons-nous, les ennemis d'hier sont les frères d'aujourd'hui.

—*Hurra*, répliqua l'Anglais, en pressant contre son cœur le cœur du soldat de la garde impériale. *Hurra*, ce que vous venez de dire est beau dans son genre, comme *la garde meurt et ne se rend pas*: c'est du Cambronne!

Cinq heures.

Nous venons d'être reçus officiellement par le lord maire, entouré de ses officiers municipaux tous revêtus de leurs insignes. Cette réception a été digne des deux grandes nations qui viennent d'échanger de nouveaux témoignages d'estime et de cordiale fraternité.

Neuf heures.

Nous venons d'achever la revue de tous les monuments et édifices publics, ouverts gratuitement devant l'uniforme français. La politesse, la courtoisie britannique nous accueillent partout avec les plus vives démonstrations de sympathie.

Parmi les merveilles que nous avons admirées, mentionnons d'une manière toute particulière les salons de madame Tussaud renfermant la plus belle collection de personnages en cire qui existe au monde. On ne peut se faire une idée de la magnificence de cet établissement, que tout voyageur doit visiter. Outre la délicieuse musique qu'on y entend chaque soir, on y voit les ruines de Lisbonne, le Tage en fureur, les palais s'écroulant dans les horreurs d'un tremblement de terre, les ruines animées, reproduites d'après nature, les grottes les plus renommées, les cascades suisses, le lit où l'empereur Napoléon a rendu le dernier soupir, les têtes de Robespierre, Carrier et Fouquier-Tinville, les personnages historiques dont le nom a longtemps occupé le monde; on y voit enfin les principaux souverains de l'Europe.

Les salons de madame Tussaud sont une merveille dans la magnifique capitale de la Grande-Bretagne, nous les recommandons particulièrement aux voyageurs des explorations futures, car on ne peut, nous le répétons, imaginer en fait d'art quelque chose de plus remarquable, de plus digne d'intérêt.

L'entrée publique de ce magnifique établissement, élevé sur le modèle du Panthéon de Rome, est de 1 franc 25 centimes.

Dix heures.

Nos jeunes troupiers, allumés par le plaisir, plus encore que par le champagne et le punch, sont en ce moment au Casino. Ils se croient dans les jardins de Mabile ou de Château-Rouge. Admirables d'entrain, ils excitent de frénétiques applaudissements par l'exécution *sans façon* de ces danses excentriques dont la gaieté parisienne seule possède le secret.

M. le capitaine commandant Gonnet rentre à l'instant à son hôtel; il est enthousiasmé de l'accueil qu'il vient de recevoir chez son Excellence le duc de Sommerset.

Pour lui faire honneur, ce noble personnage, l'héritier d'un des plus beaux noms d'Angleterre, a convoqué au repas somptueux qui lui a été offert ce soir, l'élite de la société de Londres ou résidant à Londres.

Parmi les grands noms qui ont retenti à ses oreilles, il a remarqué ceux de :

S. A. R. le comte de Montémolin.
S. A. R. Don Fernand de Bourbon, infant d'Espagne.
S. A. R. Don Juan Carlos de Bourbon, infant d'Espagne.
S. A. R. l'archiduchesse Dona Maria Beatrix, infant d'Espagne.
    le général Monténégro.
    le lord Chancelier.
    lady Bottenham.
    lord Glenely.

Cette réunion d'élite a été un nouvel hommage rendu par l'Angleterre à la France.

SEPTIÈME ET DERNIÈRE LETTRE.

DE LA MÊME A LA MÊME.

Nous touchons aux derniers moments de notre séjour à Londres; nous partons dans une heure; nos regrets en quittant nos nouveaux amis seraient inconsolables, si nous n'emportions avec nous l'assurance de les voir bientôt à Paris. Ils nous l'ont promis, et vous le savez, une promesse est chose sacrée en Angleterre.

FIN DE L'INTRODUCTION.

VISITE
RENDUE PAR L'ANGLETERRE A LA FRANCE.

PREMIÈRE PARTIE.

CHAPITRE PREMIER.

Le peuple anglais est sans contredit le premier peuple du monde pour apprécier et reconnaître un procédé. Son tempérament froid et calculateur le mettant à l'abri des entraînements qui, presque toujours, nous font dépasser à nous, Français, les limites d'une sage réserve, son tempérament froid, disons-nous, s'exaltant par degrés, ne rend que plus durables et plus vraies les sensations qu'il éprouve. Positif comme une preuve mathématique, l'Anglais est mille fois moins sujet que nous à l'erreur : accoutumé à creuser le fond des choses, il étudie sur les lèvres le cœur qui parle, car, selon lui, le mot n'est pas toujours l'écho de la pensée. Puis, quand il s'est formé à lui une opinion quelconque, un jugement, ce jugement, cette opinion est invariable comme un thermomètre qui ne marque plus.

Dans les premiers moments de la visite des gardes nationales de Paris à Londres, les Anglais n'ont point compris la pensée profonde qui pouvait se trouver sous la légèreté apparente de nos nationaux, échappés dans leurs magnifiques rues et leurs riches squares, comme des écoliers dans les champs par un beau jour de vacance; mais avant le soir de ce jour-là même, l'idée philosophique s'était fait jour à travers les brouillards de la Tamise pour arriver au cœur de ces nobles gentleman, qui avaient bientôt aperçu le côté sérieux d'une démarche dont l'initiative appartient à la France.

Le second jour la glace se rompit entièrement dans la pression des lèvres de l'Angleterre et de la France, unies, confondues dans un vaste baiser fraternel. Nous avons vu comment les jours qui suivirent furent des jours de fête interrompus par le départ des Français, emportant, pour adoucir les regrets de l'adieu, l'espérance d'une prochaine visite anglaise à Paris.

Ainsi donc entre les deux nations un germe inconnu de cordialité avait été semé.... Les jours étaient propices; laboureur habile, Joseph Crisp, en profita pour le fertiliser avec un succès inespéré. Puissamment secondé par M. Philippe Nind avec lequel depuis longtemps il cherchait les moyens de seconder les voyages en les facilitant par la diminution des frais, il fit un appel à ses compatriotes qui se levèrent en grand nombre pour la croisade fraternelle de la France.

Les idées les plus simples ont toujours leurs difficultés; désirant les aplanir dans un délai rapide, et jaloux de régulariser les apprêts du départ ainsi que le programme du voyage, MM. Joseph Crisp et Philippe Nind organisèrent immédiatement un comité composé de la manière suivante :

MM. LLOYD (Francis), esq.; Beaufort Lodye Chelsa;
    NIND (Francis), esq.; Sablonière, hôtel Leicester square;
    BULLOCH, esq.; Chester street, Belgrave square;
    BROWN, esq.; Martiham, square Chelsen;
    HIBLE (Charles), esq.; North Terrace Mount, grand Westminster nord.

Aussitôt, et avec une incroyable activité, les membres intelligents de ce comité, dont M. Nind est nommé secrétaire, se mettent en mesure d'appareiller pour la France avec les meilleures conditions. Les uns, traitant avec les compagnies des chemins de fer, obtiennent des prix avantageux; les autres, improvisés *maistres* des logis, visitent les hôtels, et préparent les logements. Plusieurs, enfin, sollicitent et obtiennent, avec le plus grand empressement, de la part des autorités de la France, l'assurance de la plus cordiale hospitalité, et tout le zéle de leur concours pour faciliter *une visite* qu'ils espèrent et désirent.

Les passeports, inconnus en Angleterre et si rigoureusement exigés en France, seront remplacés pour chaque voyageur anglais par une simple carte de passe signée Nind et Crisp. L'insertion de cette simple carte produira des merveilles : à sa vue, les monuments publics s'ouvriront comme par enchantement, et leurs concierges deviendront polis. Les douaniers ne s'acquitteront de leurs fonctions que pour la forme ; on assure même qu'ils souriront..... excellente occasion pour aller le dire à Rom..., à Londres, veux-je dire... Les journaux rouges auront de l'esprit, les chevaux de fiacre iront au trot, les clubs politiques deviendront raisonnables, et le citoyen Buvignier ne fera plus d'interpellation. Cette carte enfin sera magique, elle jouira de toutes les libertés, même de la liberté illimitée de M. de Girardin.

Or, tous les préparatifs sont terminés, tous les services sont organisés, chacun est à son poste; les postillons des locomotives font claquer leurs sifflets à vapeur; de longs panaches de fumée blanchissent à l'horizon, la flotille est en vue. Salut à nos amis ! salut à nos frères de la Grande-Bretagne ! vivent les Anglais ! Boulogne avait été choisi pour servir de première étape aux visiteurs anglais. Aussi, fière de cette préférence, la ville de Boulogne n'avait-elle rien épargné pour recevoir dignement les hôtes de la France à leur arrivée sur le premier rivage français.

Tandis que l'artillerie salue leur débarquement par ses détonations réitérées, la garde nationale, rangée en bataille sur leur passage présente les armes, et fait entendre les plus joyeuses acclamations. Les jeunes femmes et les jeunes filles, revêtues de leurs habits de fête, ouvrent le cortége; elles portent à la main d'énormes bouquets de fleurs, avec lesquels elles rivalisent pour la plupart en grâce et en fraîcheur. Les autorités de la ville, revêtues également de leurs insignes, donnent à cette solennité un caractère officiel qui la complète.

Partout les drapeaux de la Grande-Bretagne s'enlacent aux drapeaux de la France; la même brise souffle dans leurs plis, qu'elle semble rapprocher comme des lèvres amies dans un seul et même baiser. Partout une seule et même devise se présente aux regards, soit qu'elle se détache d'une guirlande de fleurs, soit qu'elle se dessine sur un pli de soie ou de velours; partout le même cri s'élève dans les airs, soit qu'il vibre sur des lèvres anglaises, soit qu'il retentisse dans le cœur des Français; c'est la devise de l'Angleterre et de la France, désormais sœurs dans la grande famille européenne, c'est le cri de la France saluant l'Angleterre.

On arrive ainsi dans les vastes salons où, sur un immense buffet, l'hospitalité française a préparé le vin d'honneur qu'elle est heureuse d'offrir à la bienvenue des nobles insulaires.

Le champagne brille dans toutes les coupes, le bonheur dans tous les yeux..... Encore une fois, salut, salut à l'Angleterre !

Pourquoi le temps nous manque-t-il ? pourquoi le signal aigu de la locomotive qui va transporter à Amiens les fils de la Grande-Bretagne précipite-t-il ainsi notre plume descriptive ? nous aurions tant désiré *daguerréotyper* ces généreux discours, ces généreux tostes prononcés et portés à la gloire, au bonheur, à l'union intime, indissoluble de deux nations si bien faites pour se comprendre et pour s'aimer. Mais le chemin de fer n'attend pas; comme le temps il est inexorable, partons... *All right*.

Halte ! *stop* ! nous voici à Amiens. Malgré toute notre envie de vous servir de guide à travers cette antique cité, pleine de beaux et nobles souvenirs, nous devons renoncer à ce désir; car, à cette heure, la ville a disparu derrière le splendide panorama de ce buffet d'honneur dressé en votre intention, ô nos frères de l'Angleterre !... Allons, amis, encore un toste à votre belle nation, et faites-nous

raison la coupe en main. C'est bien, très-
bien... Maintenant... à Paris !

. . . .

. . . .

Tandis que l'infernale machine aux ailes de
feu nous entraîne à toute vapeur sur la route
qui conduit à la capitale de la France... prêtez-
moi votre imagination, et parcourons ensemble rapidement, à vol d'oiseau, cette ville unique au monde, que les croyants appellent la Jérusalem, et que les pessimistes proclament la
Babylone des nations modernes...

Paris, ce que le sportsmen appelle Paris
proprement dit, comprend un fort petit espace : les boulevarts, les rues Richelieu et
Vivienne, quelques rues du faubourg Saint-
Germain et de la chaussée d'Antin, composent
uniquement cette ville, tant convoitée quand
on a de la jeunesse dans le cœur ou de l'or
dans la bourse. Paris est par excellence la
ville des contrastes ; le sublime y heurte à
chaque pas l'absurde, la vertu y frôle à chaque instant le vice ; c'est la ville de l'égoïsme,

et cependant elle porte en son sein le germe des plus généreux dévouements.

A Paris, les modèles de l'héroïsme posent en compagnie des modèles des folles joies Le trop plein des églises se déverse le soir dans les foyers des théâtres; le jour à Dieu, la nuit au diable ; le confessionnal près le cabinet particulier, tout cela se trouve à Paris. Paris est la ville des monuments splendides, la cité des riches palais, la ville des plaisirs et des fêtes, et, ainsi qu'on l'a dit souvent, le paradis des femmes, le purgatoire des maris, et l'enfer des chevaux. Paris est la terre promise des artistes, le sanctuaire de l'intelligence, le chanaan de la célébrité. Paris est le tréteau des Fontanaroses politiques, le réceptacle des immondices de l'Europe, le rendez-vous général des hauts et puissants seigneurs de la *gouape* éclos sous les soleils de tout pays, l'égout général de toutes les iniquités. — Paris est l'école des barricades, la fabrique brevetée des révolutions, le bazar patenté de toutes les infamies.

Paris enfin, avec les variantes du progrès moderne, est au monde nouveau, ce qu'au monde ancien était Rome, la ville corrompue des César.

Maintenant que vous connaissez Paris, permettez-nous une question essentielle, dans l'intérêt de votre séjour en cette ville. Êtes-vous fixé sur votre logement? le choix de l'hôtel destiné à remplacer le confortable du foyer domestique, est, vous le savez, la chose la plus importante des voyages d'affaires ou de plaisir. Laissez-nous donc vous aider dans cette grave question.

Il y a deux mille hôtels à Paris, et cependant il n'en existe qu'un seul véritablement digne de Paris qui le possède, de l'Europe qui l'habite, et du nom qu'il porte : *l'Hôtel des Princes.* Ce magnifique hôtel, admirablement situé, en vue du boulevart des Italiens, et presque à l'angle de la rue de Richelieu, a lutté glorieusement avec les ridicules niveleurs de la République qui, dans leurs joies triomphales et carnavalesques, voulaient porter atteinte au titre inscrit en lettres d'or sur le splendide portique de l'entrée principale.

Son immense renommée a trouvé grâce devant la ridicule susceptibilité des marquis des barricades, logés somptueusement *gratis* au château royal des Tuileries.

C'est qu'en effet la radiation du nom de l'Hôtel des Princes eût été, pour ainsi dire, une violation flagrante du manifeste adressé à l'Europe par M. de Lamartine, un crime de lèze-Europe, car l'Hôtel des Princes, *quoique et malgré* ses allures françaises, appartient à toutes les nations civilisées. L'Hôtel des Princes est une propriété anglaise, allemande, russe, espagnole, italienne et turque. Incessamment visité par les princes de l'autocratie européenne, il a prêté les pages de son brillant album au nom des princes de l'art et des rois de l'intelligence qui l'ont tour à tour illustré par leur séjour.

L'Hôtel des Princes a été habité par la magnifique trinité qu'on appelle Sontag, Malibran et Grisi. Thalberg y a composé ses chefs-d'œuvre, et Meyerbeer y a trouvé la perfection, inventée dans son immortelle partition de Robert-le-diable.

Au mois de novembre de l'année dernière, l'Hôtel des Princes a servi de quartier général aux fêtes célébrées en l'honneur de la promulgation de la Constitution. Il a suffi d'un jour à M. Privat, son intelligent directeur, justement appelé par le prince des critiques, le prince des hôtels, il a suffi d'un seul jour pour disposer ses vastes appartements en splendides salles de banquets et de bals.

C'est à cette époque que M. Privat inaugura la magnifique salle à manger que tous les étrangers admirent comme unique dans l'espèce. Ce chef-d'œuvre de l'art, où le talent de M. Azemar brille dans tout son essor, est splendidement décoré dans un style mauresque : son architecture, immense dans ses proportions, rappelle par la finesse et l'originalité de ses ornements les merveilles tant vantées de l'Alhambra de Grenade. De légères colonnettes, d'un goût exquis et d'un effet charmant, supportent des blasons aux armes et aux noms de toutes les puissances de l'univers.

Plus de trois cents convives peuvent facilement trouver place dans cette vaste salle, sans qu'il y ait la moindre confusion dans les diverses attributions du service.

Élevé dans la plus heureuse situation de Paris, au centre des plaisirs et des affaires, à proximité du Palais-Royal, à la porte de la Bourse et des théâtres de premier ordre, l'Hôtel des Princes renferme en son sein tous les avantages et tout le confortable de la vie.

Ici vous trouvez au salon de lecture les journaux de tous les pays; là vous avez la salle de billard; tout auprès l'estaminet et la *fumerie;* plus loin le salon de conversation; plus loin encore la salle de bains. Vous avez ici de grands et de petits salons à volonté, pour de grands banquets ou de petits repas intimes; vous avez des salons pour bals, pour concerts, et pour toutes réunions fashionables. Vous trouvez chaque matin, au petit salon réservé aux déjeuners, l'indication de l'emploi de la journée. Vous trouvez chaque soir, assise autour d'une splendide table d'hôte, renommée pour l'excellence de sa carte et le choix de ses vins, une réunion d'élite représentant le bon ton, la bonne compagnie, tranchons le mot, l'aristocratie de toutes les nations du monde. Le Paris fashionable et gourmet y compte chaque soir de nombreux délégués, car cette table, la première de Paris, est ouverte à toutes les personnes distinguées, qui n'ont, pour y être admises, qu'à se faire inscrire dans la journée.

Vous trouvez encore à votre disposition, sans sortir de l'hôtel, des cicérone intelligents, parlant toutes les langues de l'Europe, des employés sûrs, dévoués et discrets, des voitures élégantes, enfin tout ce que la fantaisie de l'imagination et l'imagination de la fantaisie peuvent désirer. Vos désirs même sont prévenus, car M. Privat n'est pas seulement le prince des hôtels, il est l'habile enchanteur de l'Hôtel des Princes. Regardez bien ses yeux qui embrassent tout d'un seul coup-d'œil, et vous verrez dans leur orbite un brevet de divination. Voilà pourquoi les desseins de ses hôtes sont toujours prévenus avant même d'avoir été formulés.

L'Hôtel des Princes est divisé en trois parties.

La première partie est réservée aux familles qui comptent séjourner à Paris. Tous les appartements en sont grands, parfaitement ordonnancés et très-confortables.

La seconde partie, composée de petits appartements comprenant un salon et une chambre à coucher, est également fort confortable.

La troisième partie, rendue indispensable par les *vomitoires* des chemins de fer, est destinée spécialement à ces heureux nomades qui, libres de tout lien, sont fiers de s'appeler encore garçons.

La reconnaissance est une vertu d'autant plus belle qu'elle est plus rare, elle sera la vôtre, aimables visiteurs, car vous nous remercierez d'avoir attiré votre attention sur ce bel hôtel que vous connaissiez déjà de réputation. Nous vous le recommandons encore avec insistance, car l'Hôtel des Princes, qui doit abriter un grand nombre d'entre vous pendant leur séjour à Paris, deviendra, sous la présidence de M. Privat, le comité directeur de toutes les fêtes qui vous seront offertes.

Nous avons encore cinq minutes avant d'arriver à Paris, permettez-moi de les utiliser en vous faisant connaître les différents sanctuaires où la mode se révèle chaque jour à ses heureux fidèles, au milieu des diverses attributions qui lui assurent la suprématie sur le monde élégant et fashionable. Vous commettriez un crime de lèse-goût si vous quittiez Paris sans sacrifier à cette impérieuse divinité, en lui rendant visite dans le temple élégant de *Doucet*, rue de la Paix, 17 : vous trouverez là des articles de lingerie et de cravates, le complément indispensable d'une toilette qui veut être irréprochable. Allez ensuite rue Neuve-des-petits-Champs, 83, vous trouverez chez le célèbre *Humann* la coupe de ses habits modèles, que la fashion admire et reconnaît dans toutes les parties du monde ; nul étranger ne peut quitter Paris sans passer par les salons d'Humann, il risquerait de se faire montrer au doigt en rentrant dans son pays. N'oubliez pas *Boivin*, votre main serait capable de vous outrager, de vous forcer même à vous aligner avec elle, si vous ne la faisiez ganter dans ces magasins, qu'on ne pourrait trouver autre part que rue Castiglione, 8.

Pour les pieds, nous vous recommandons *Ville;* il est impossible que vous visitiez Paris sans porter à vos extrémités inférieures le diplôme de son talent, ces bottes inimitables, qu'on ne saurait perfectionner sans le secret qu'il conserve dans ses ateliers, passage de l'Opéra. Des pieds, passons à la tête, car en toute choses les extrêmes se touchent. Votre front rougirait de honte s'il n'était couvert de ces chapeaux élégants, dont M. *Pinaud*, le César de la mode, se sert pour la coiffer. Allez donc dans son beau magasin, rue Richelieu, 87, puis regardez-vous en sortant, et maudissez la nôtre, si votre tête n'a pas gagné cent pour cent après avoir passé par ses mains.

Terminez cette revue fashionable par une visite à l'habile orfèvre qui s'appelle *Audot*, et demeure 81, rue Richelieu. Lui seul possède l'assortiment complet de ces ravissants nécessaires qui sont indispensables aux voyageurs Vous trouverez également dans ses magasins toutes les fournitures dont vous pourrez avoir besoin... Voici Paris !

CHAPITRE II.

Voici Paris ! à ce cri prononcé par la satisfaction d'un désir accompli avec la joie d'une espérance réalisée, les voyageurs anglais, descendus au débarcadère du chemin du Nord, et munis de leur billet de logement parfaitement en règle, prirent le chemin des hôtels qui leur avait été désignés. Un grand nombre d'interprètes anglais, choisis avec soin, furent mis immédiatement à la disposition de nos honorables visiteurs. Chaque hôtel reçut un délégué chargé tous les matins de venir prendre l'ordre du jour arrêté à l'Hôtel des Princes, quartier général de l'expédition.

Des affiches, placardées dans un endroit apparent des hôtels où les Anglais avaient reçu l'hospitalité, indiquaient à tous l'emploi qu'ils pouvaient faire de leur temps sous la conduite empressée d'habiles cicérone.

Ainsi que nous l'avons indiqué précédemment, le comité établit aussitôt son quartier général à l'Hôtel des Princes ; mais indépendamment des honorables membres qui le composaient, soixante Anglais distingués voulurent également y planter leurs tentes. Le lendemain, la délicieuse petite ville *Woodbridge* augmenta ce nombre, en envoyant à la fête de la Fraternisation ses délégués :

MM. Bankes, Hibbel, Miknight, Webster, Nash, M. et Madame Stenett, MM. Bird et Hardwich. L'Hôtel des Princes offrit dès-lors un aspect étrange et pittoresque. Son immense cour, ornée de banquettes, présenta le mouvement et l'agitation d'une cour princière. Le coup-d'œil général de la table d'hôte fut surtout remarquable : les Anglais formant la majorité des convives, séparés çà et là, par quelques Français, versaient à flots mousseux le champagne dans leurs coupes qu'ils buvaient pleines à la santé de la France unie à l'Angleterre. Les flots de bordeaux se mêlaient aux flots de champagne sans que le cours de ces doux nectars, unis comme l'Angleterre et la France, dépassât les limites de la plus parfaite convenance. La plus exquise politesse, le meilleur goût présidèrent toujours aux joyeux tournois de ces heureux joûteurs armés de flacons pacifiques jamais vides et toujours pleins. De la salle à manger on passait dans les salons, pour y terminer sur le même diapason une journée pleine d'heureux souvenirs. Ces soirées au grog, à la fumée de tabac, aux chants nationaux, aux speechs de la cordialité, témoignaient hautement des sentiments d'amitié et des vœux mutuels formés à l'union indissoluble des deux nations.

C'est dans une de ces soirées intimes que les Anglais exprimèrent à leur amphitrion, M. Privat, le désir qu'ils avaient de faire ample connaissance avec un plus grand nombre de Français : *Jolly fellows, hardy good fellows, bricks like him*. M. Privat se mit aussitôt en mesure d'improviser pour le lendemain même un raout anglo-français qui, tout en exauçant le vœu de ses convives, servît à resserrer davantage encore les liens fraternels des deux nations.

L'appel suivant, fait à la garde nationale de Paris, fut la conséquence immédiate de sa philantropique détermination.

« Les gardes nationaux qui ont été en Angleterre au mois de novembre, se rappellent l'accueil hospitalier qu'ils ont reçu de nos voisins d'Outre-Manche. La France, terre hospitalière par excellence, ne peut rester en arrière de bons procédés, et nous devons tous aller serrer fraternellement la main des hôtes que l'Angleterre vient de nous envoyer.

« En conséquence, un grand raout a été rapidement organisé dans les salons féériques de l'Hôtel des Princes. M. Privat a improvisé pour la circonstance une soirée dans laquelle les gardes nationaux sont invités à se réunir aux citoyens d'Angleterre.

« Cette soirée aura lieu mardi, 10 courant, rue de Richelieu, 97, dans les salons de lH'ôtel des Princes. Les Anglais, venus à Paris, désirent vivement que ceux de nos concitoyens qui ont visité Londres veuillent bien leur fournir l'occasion d'une causerie cordiale plus intime que toutes les réceptions officielles. La nouveauté d'une semblable réunion attirera sans aucun doute tous ceux qui ont le bon goût de savoir rendre une politesse, et Paris ne déméritera pas de sa réputation d'urbanité. »

Les Parisiens s'empressèrent de répondre à cet appel, dont l'honneur tout entier appartient à la spontanéité de M. Privat, et le lendemain, malgré les difficultés inouïes d'un projet si rapidement conçu, la soirée s'ouvrit brillante et nombreuse dans les beaux salons mauresques que nous avons déjà dépeints en faisant la description de l'Hôtel des Princes.

A dix heures, un grand nombre de gardes nationaux de toutes armes et de tous grades, un plus grand nombre encore de gentleman en habits de ville, se pressaient dans l'enceinte magnifiquement éclairée, attendant avec impatience l'arrivée des nobles invités. L'admirable orchestre de l'indispensable Strauss, savamment superposé sur des gradins dressés en amphithéâtre, préparait ses plus gracieux motifs, lorsque tout à coup, sur un signal donné, le magnifique chant du *God save the Queen* se fit entendre sous les voûtes mauresques, et presque aussitôt une porte d'honneur, ouverte par M. Privat, livra passage à la foule parée des visiteurs anglais, accompagnés de quelques dames, charmées elles aussi, de prendre leur part aux protestations réciproques d'estime et de sincère amitié.

Toutes les mains sont confondues dans une même et cordiale étreinte, tous les regards se croisent dans une même expression de bonheur, toutes les paroles rendent les mêmes pensées, toutes les âmes éprouvent les mêmes sentiments ; pour la première fois peut-être l'entente cordiale devient une vérité.

L'orchestre s'est tu : un cercle immense s'est formé pour faire une place d'honneur à nos frères de la Grande-Bretagne ; M. Privat profite de ce moment pour présenter MM. Ph. Nind et Jh. Crisp aux assistants qui, par mille acclamations, s'empressent de saluer dans leurs personnes la colonne entière des visiteurs.

Cependant deux catégories bien dessinées se distinguent encore à travers les ondulations de la foule élégante et parée. Une ligne sépare les deux nations qui se réuniront et se confondront dans un seul et même ton, dans un seul et même accord, lorsque les deux *speechs* suivants, religieusement écoutés, auront été prononcés.

« On dit que la mer nous sépare, mais il est heureux de dire que maintenant que nos deux nations se connaissent mieux, il n'y a que seulement la mer, et que tous ces vieux préjugés qui nous ont tous si souvent aveuglés sont maintenant éteints. Que de bonheur les Anglais et les Français doivent attendre, d'être témoins d'une aussi franche cordialité.

« Entre hommes dont les uns parlent la langue des Shakespear, Walter Scott et Franklin, et ceux qui parlent celle des Voltaire, Rousseau et Fénélon, il ne peut plus exister de rivalité; et maintenant tous les peuples ne sont-ils pas frères et amis? Arrière donc, ceux qui encore, s'il y en a, rêveraient une guerre pour les désunir. Londres et Paris, mais c'est dire le monde entier; soyons unis mes amis, et tous les peuples de la terre trembleront toujours devant nous! Le commerce nous a rapprochés, que rien au monde ne nous sépare plus; aussi espérons-nous que de pareilles réunions se renouvelleront souvent ; c'est pourquoi de tout cœur nous vous disons : au revoir! au revoir! au revoir! »

Écoutons maintenant M. D. Potomé :

« A l'alliance des nations du Nord et du Midi !

« On dit, Messieurs, que la Manche nous sépare. — Mais ce sont les montagnes qui séparent les races. — Les fleuves et les nappes d'eau servent au contraire à réunir les peuples civilisés : et les deux grandes capitales du globe, Londres qui représente si bien la civilisation septentrionale, Paris qui représente si bien la civilisation méridionale, sont aujourd'hui à si peu de distance, que nous allons voir s'effacer ces préjugés qui nous ont aveuglés si longtemps!

« Que les arts et les échanges de la paix resserrent dans une même fraternité les hommes qui parlent la langue de Walter Scott et de Franklin, et les hommes qui parlent celle de Fénélon et de Rousseau.

« Faut-il discuter sur la prééminence entre les races du Nord ou du Midi? autant vaudrait chercher à qui donner la palme de la beauté, aux blondes ou aux brunes! Le vrai gentleman, le vrai philosophe, aime toutes les nuances, et chérit comme dons du ciel le gracieux et le sévère, le positif et la poésie.

« Il n'y a plus qu'une race qu'il faille repousser des deux côtés du détroit, c'est celle qui (descendue probablement en droite ligne de Caïn) compte sur les chances de la guerre pour diviser les hommes, les hommes sortis tous du sein de Dieu, et tombés sur la terre à des latitudes diverses, ceux-ci un peu plus haut, ceux-là un peu plus bas, mais qui n'en sont pas moins tous les enfants d'un même père!

« Buvons, Messieurs, à l'alliance des nations du Nord et du Midi. »

D. Potomé.

10 avril 1849.

Des transports d'enthousiasme accueillent la fin de ce discours, auquel succède aussitôt le chant du *God save the Queen*, suivi à son tour par celui de la *Marseillaise*. Il est minuit, le raout de l'Hôtel des Princes est dans toute sa splendeur. Les accents de la plus sympathique fraternité vibrent au cœur et embrâsent les lèvres, malgré la distinction prononcée des deux accents; il n'y a plus qu'une langue dans les beaux salons de M. Privat, celle de l'âme! De l'orchestre Strauss tombent des flots d'harmonie; plus puissante que celle de Moïse qui n'a su trouver au flanc d'un rocher qu'une source d'eau, la baguette magique du maëstro a su trouver dans l'hospitalité fraternelle du directeur de l'Hôtel des Princes, une source de Sillery : le champagne coule à flots dans les coupes de cristal; de nombreux tostes, échangés de part et d'autre sont toujours et réciproquement accueillis par les plus chaleureuses acclamations. Tout à coup une porte s'ouvre, et le regard satisfait découvre dans la salle à manger de longues tables somptueusement servies, et auxquelles les Anglais et les Français, assis les uns près des autres, font le plus grand honneur. Rien n'échappe au regard d'aigle de l'amphitrion : M. Privat se multiplie; en habile général, il est partout; par ses soins, le punch circule comme le champagne, à flots, et le champagne est intarissable... Quelle joyeuse et belle nuit ! C'est la première que l'Angleterre et la France passent ensemble côte à côte, oublieuses du passé, heureuses du présent, et sûres de l'avenir. *Vive l'Angleterre! vive la France!*

Nous voudrions pouvoir raconter tous les faits qui ont signalé cette nuit de fêtes dont nous conserverons longtemps le souvenir, citons-en quelques uns.

Une dame anglaise, enthousiasmée du talent de Strauss, ayant exprimée à M. Privat le désir qu'elle avait d'emporter à Londres un autographe du maëstro, M. Privat s'empressa de présenter à l'habile chef d'orchestre, l'honorable insulaire et le désir qu'elle avait manifesté.

« Le désir de madame m'honore, autant qu'il me flatte », dit Strauss en s'inclinant devant elle, et prenant son nom et son adresse, il la pria de vouloir bien agréer, en attendant, l'hommage de sa reconnaissance.

Le lendemain la dame anglaise reçut à son hôtel la collection des plus jolies valses et des plus jolies polkas de l'auteur, signées de sa main, et toutes dédiées à l'aimable solliciteuse.

Ce trait gracieux émerveilla la dame anglaise qui, de son côté, s'empressa de lui témoigner sa reconnaissance en offrant au galant maëstro un souvenir digne d'elle et de son noble pays.

Deux Anglais déploraient amèrement l'absence des dames françaises qui auraient ajouté par leur présence un grand charme à cette réunion de famille... — Réjouissons-nous plutôt de leur absence, reprit un troisième, nous échappons ainsi au danger de perdre la tête.

Commencé à dix heures du soir, le raout de l'Hôtel des Princes s'est terminé dignement à neuf heures du matin par le toste suivant de M. Privat, proposé comme un éclatant hommage dû à ses hôtes honorables :
A la reine Victoria !

CHAPITRE III.

Nous ne suivrons pas nos gracieux visiteurs dans leurs courses à travers Paris, et dans leur admiration excitée par la vue de nos monuments. Nous ne les accompagnerons pas dans leurs nombreuses et diverses stations artistiques, car nous recommencerons avec eux, et pour eux, cet intéressant itinéraire dans la seconde partie de ce livre, qui, sous le titre d'une semaine à Paris, sera le guide rapide, le cicérone historiographe que nous mettons à la disposition des explorateurs futurs.

Nos lecteurs liront cependant avec plaisir

quelques épisodes qui se lient intimement à notre sujet.

Le premier jour que nos visiteurs assistèrent à la séance de l'Assemblée Nationale, un représentant qui, perché sur l'une des crêtes les plus culminantes de la Montagne, demandait à l'un des visiteurs s'il avait vu Louis Blanc à Londres? — *Yes! Yes!* répondit l'Anglais, cependant il est si petit que je n'ai fait que l'entrevoir.

— Où l'avez-vous aperçu?

— Entre les jambes d'un *horse gard*,

Le montagnard, souriant, reprit : — Que pense-t-on de lui à Londres?

— De Louis Blanc?

— Oui.

— On aime mieux les *Louis jaunes*.

Le premier jour de leur arrivée à Paris, la vue des visiteurs anglais produisit dans la foule, qui ignorait le but de leur voyage, une certaine sensation de curiosité. Toutefois, nous devons dire à l'honneur de notre nation qu'ils furent constamment l'objet d'une vive sympathie, qu'ils excitèrent partout le plus affectueux intérêt. Cependant un voltigeur du chauvinisme politique, un des vétérans du libéralisme de la restauration qui, au bonnet de coton blanc de la veille, ont substitué en France, la cravate et le bonnet rouge du lendemain, un disciple du citoyen Proudhon sans doute, voulut protester contre les ovations faites à ceux qu'il persiste à regarder comme les *éternels ennemis de la France*. Un jour donc, oubliant les devoirs de l'hospitalité, il fit entendre sur le passage de plusieurs anglais, le fameux refrain de Charles VI :

> Jamais en France,
> Jamais l'Anglais ne règnera.

Alors, l'un des visiteurs qui, dans nombre de voyages précédents en France, avait assisté à la représentation du drame de l'Opéra, devinant aussitôt l'intention hostile du chanteur ambulant, marcha droit à lui, et lui offrit une pièce de monnaie, disant : Vous avez une fort belle voix, et vous chantez encore mieux, prenez..... Mais le chanteur repoussant l'aumône offerte sans doute au délabrement de son costume, reprit sur un ton plus fort :

>Jamais en France
>L'Anglais ne régnera.

Pendant ce temps-là, un nombreux rassemblement s'était formé autour de l'Anglais et du chanteur, dont l'exaspération devint livide quand, avec un imperturbable sang-froid, l'Anglais lui répondit au milieu des applaudissements de la foule entière : « Vous vous » trompez, Monsieur, l'Anglais doit régner » en France, comme un bon frère règne dans » le cœur d'une sœur chérie. Ce règne-là s'ap- » pelle dans mon pays le règne de l'amour » fraternel. »

Une autre fois, l'un de nos visiteurs assistait à un sermon de charité prononcé dans l'église de Saint-Roch en faveur des salles d'asile. Après avoir prêté la plus vive attention au discours de l'orateur, il s'approcha d'une dame quêteuse, et lui remit cinq pièces d'or, disant : Chaque année j'enverrai pareille somme aux dames patronnesses de l'œuvre.

— Je vous ramène à Londres, disait un autre à l'hôte qui l'avait charmé par la franchise de son accueil, je vous ramène à Londres, car j'épouverais un mortel chagrin de vous quitter sitôt.

— Impossible, répondit le Français.

— Ce mot n'existe pas en Angleterre, la volonté peut tout.

— Je partirai dans cinq jours pour les bains de Saint-Gervais. Ces eaux thermales sont, dit-on, d'une efficacité infaillible, je les ai promises à ma fille malade.

— Où ces bains se trouvent-ils ?

— Entre Genève et Chamouni, au pied du Mont-Blanc, dans la plus belle situation du monde peut-être.

— Combien de temps y resterez-vous ?

— Trois mois.

— Quand partez-vous ?

— Dans cinq jours.

— Mettez en sept, le temps nécessaire pour faire venir mon fils d'Angleterre, et nous partons tous ensemble; est-ce convenu ?

— C'est convenu. Et les deux nouveaux amis échangèrent leurs paroles dans une sympathique pression de main. . . . . .
. . . .

Ils sont aujourd'hui à Saint Gervais, que nous vous recommandons, cher lecteur, si vous êtes malade, que nous vous recommandons encore si vous vous portez bien. La jeune parisienne est fort jolie, le jeune Anglais est fort riche : en voilà plus qu'il n'en faut pour conclure un mariage comme on les fait aujourd'hui.

Ce qui m'a le plus émerveillé, et ce qui a donné à l'Angleterre une haute idée de l'urbanité française, m'écrivait à son retour à Londres, un de nos honorables visiteurs, c'est la représention du grand Opéra, à laquelle nous avons assisté ; et il me rappelait la scène improvisée en l'honneur de la reine d'Angleterre : magnifique scène en effet. Le rideau baissé sur un entr'acte, se relève tout à coup, et montre au public une armée de chanteurs rangée sur la scène, les yeux fixés sur le bâton de commandement du chef d'orchestre. Le signal est donné! Aussitôt les plus belles voix de l'Opéra entonnent aux brillants accords de l'orchestre du premier orchestre du monde, le religieux *God save the Queen*. A ce chant d'amour qui pénètre l'âme, tous les fronts sont découverts, le parterre en masse est debout, les dames se lèvent également dans les loges, aux stalles d'amphithéâtre, dans les galeries, partout. La France, heureuse un instant à l'Opéra, fait diversion à ses douleurs; elle oublie qu'on l'a faite républicaine, elle retrouve sa voix des jours de fête pour prier Dieu en faveur d'une reine, et pour crier *vive la reine Victoria* !

La veille du départ de la colonne expéditionnaire, je me trouvais dans un omnibus avec un Anglais que je n'avais pas quitté de la journée : comme tous les étrangers qui viennent en France, il tenait beaucoup à mettre un nom sur le visage d'une personne célèbre, il portait même si loin cet amour de curiosité, qu'il avait fallu lui montrer l'ours Martin. Nous revenions du Jardin des plantes et de l'Assemblée nationale, je lui faisais passer en revue les membres les plus influents de la Montagne et de la Plaine, lorsqu'un Monsieur, vêtu de noir, et passablement crotté, fit arrêter l'omnibus, et vint prendre place auprès de nous.

— A coup sûr, ce nouveau venu n'est pas un représentant, me dit tout bas à l'oreille mon compagnon. — Vous faites erreur, lui répondis je sur le même ton, il est représentant, et mieux que cela.

— Quoi donc encore, maire?

— Mieux encore.

— Préfet?

— Mieux toujours.

— Général, maréchal, ministre ?

— Mieux, mieux.

— Quoi donc, enfin ?

— La seconde autorité de France, le vice-président de la République.

— L'honorable M. de Boulay de la Meurthe, alors?

— Lui-même.

— En omnibus?

— Sans doute, puisque ses collègues les représentants, qui n'y regardaient pas de si près autrefois, lui refusent les moyens d'avoir un équipage, et le forcent à vivre comme un simple citoyen.

C'était en effet l'honorable M. Boulay de la Meurthe, qui, la veille, avait vendu sa voiture et ses propres chevaux pour continuer dans la vie privée, au détriment de sa fortune particulière, les sacrifices qui lui sont imposés par une dignité qu'il n'a point ambitionnée, et qui lui a été accordée comme la juste récompense de son noble et beau caractère.

Dès le second jour de l'arrivée des Anglais à Londres, M. Philippe Nind, secrétaire du Comité de surveillance, reçut du ministère de l'Intérieur la lettre suivante :

Monsieur Philippe Nind,

Secrétaire du comité de surveillance des visiteurs anglais.

Monsieur,

Le ministre de l'Intérieur aura l'honneur de recevoir la députation anglaise aujourd'hui même, à 5 heures du soir. Dans le cas où vous ne pourriez pas vous présenter au ministère à cette heure, le ministre recevrait la députation demain samedi, à dix heures du matin.

Recevez, Monsieur, l'assurance de ma considération distinguée,

Le Chef du cabinet,

Signé Fremy.

Déjà les membres du comité de surveillance s'étaient présentés à l'hôtel de la Préfecture, et y avaient été parfaitement reçus par M. Berger, préfet de la Seine.

Ce haut dignitaire, jaloux de rendre aux visiteurs de la Grande-Bretagne les honneurs que la garde nationale de Paris avait trouvés chez le lord maire de Londres, les invita à un grand bal, qu'il devait donner exprès pour eux, le 11 avril, dans les salons de l'Hôtel de Ville. Mais, hélas ! la mort vint cruellement déranger le programme de cette fête, en changeant les roses du bal en fatals cyprès. Dans l'intervalle, M. Berger perdit une sœur tendrement aimée. La soirée dut se borner à un concert, accompagné d'un punch énergique, improvisé aux mâles accords de deux musiques militaires.

Tous les nobles invités arrivèrent à neuf heures à l'Hôtel de Ville. Chaque visiteur portait à sa boutonnière une cocarde de violette mélangée des couleurs anglaises. Pour leur faire honneur et leur exprimer en même temps les plus vives sympathies, une société d'élite avait répondu avec empressement à l'invitation du préfet de la Seine. On apercevait dans ses beaux salons d'or, convertis pour ainsi dire en jardinières de fleurs, des uniformes de toutes armes, des généraux, des officiers supérieurs, des représentants, des magistrats, des gardes nationaux de tous grades, et au milieu de toute cette foule brillante et parée, le représentant officiel de la Grande-Brétagne, l'ambassadeur lord Normamby, revêtu de tous ses insignes; son visage rayonnait de la joie la plus vive; il semblait refléter le bonheur que ses honorables compatriotes éprouvaient d'une réception qu'ils désiraient, mais à l'empressement de laquelle ils ne s'attendaient pas peut-être. Le fleuve de champagne dont nous avons précédemment découvert la source dans les caves de l'Hôtel des Princes, inonde en ce moment la Préfecture, ses salons en sont submergés. Le punch circule et fait aussi déluge; enfin de toutes parts, et tandis que la France fraternise avec l'Angleterre, le champagne fraternise avec le bordeaux, et le *rouge* et le *blanc* se donnent le baiser de paix. Tout est amour et joie !.... Mais quels sont, grand Dieu, ces cris d'alarmes? le Prussien serait-il à Verdun? le Cosaque à Valenciennes? Brunswick serait-il aux portes de Paris? Mais non, Verdun, Valenciennes et Paris dorment en paix à cette heure, tandis que la France et l'Angleterre unissent leurs verres et leurs vœux : pourquoi donc le chant des combats ?

La *Marseillaise*, toujours la *Marseillaise*, partout la *Marseillaise !* Quel contresens ! la *Marseillaise* en gants jaunes et bottes vernies, emprisonnée dans un habit Humann, un bouquet de violetts ou un bouton de roses à la boutonnière, la *Marseillaise* en cheveux frisés, luisants et parfumés, la *Marseillaise*, dandy brûlant la valse à deux temps, dansant une polka de Strauss, pressant contre son sein le sein d'une jolie femme, effleurant ses lèvres de ses lèvres, pressant sa main dans sa main, et s'asseyant ensuite pacifiquement à la table des joyeux repas pour hurler un cri de guerre, pour secouer la torche des combats, pour sonner le tocsin des batailles et pour évoquer du sang; la *Marseillaise* au bal, vociférant des cris de mort ou chantant le verre à la main, au murmure ruisselant de Champagne : *Qu'un sang impur abreuve nos sillons,* c'est le plus absurde de tous les anachronismes.

La *Marseillaise*, ce magnifique chant, le plus beau chant de guerre qu'aient jamais inspiré le patriotisme et l'amour de la patrie, est une hymne qui ne devrait sortir du temple de la paix et descendre dans la rue que lorsque la France se verrait obligée de se lever en masse pour voler à la frontière. Nous n'avons en France que des chants funèbres, nous savons parfaitement bien *mourir pour la patrie*, mais nous savons fort mal vivre pour elle. Le gouvernement devrait mettre au concours un chant de fête qui ne suât pas à chaque vers une goutte de sang plus ou moins pur.

Le *God save the Queen*, à la bonne heure ! voilà un chant plein de calme et d'amour, un chant qui va à toutes les bouches, à tous les cœurs, sans qu'on soit obligé de tordre les unes et de comprimer les autres, un chant de fête enfin. Encore une fois, *God save the Queen*, et de, par la France, salut à la Reine d'Angleterre.

Le lendemain de cette fête préfecturale, supplément gracieux du splendide raout de l'Hôtel des Princes, les gardes nationaux des différentes légions, réunis sous la présidence de M. Francisque Bouvet, représentant du peuple, offrirent un banquet aux visiteurs anglais, qui se rendirent à la salle Valentino sous la présidence de M. Lloyd.

Ce banquet, admirable d'ordre et de convenance, fit éclater de nouveau les généreux sentiments qui fraternisaient de nation à nation. Pendant toute sa durée, ce fut un échange continuel de protestations, de confraternité et de vœux pour la durée de l'harmonie qui régnait entre les deux pays. L'accord entre les convives et la manifestation de leurs sympathies réciproques, éclatèrent avec une telle cordialité, qu'on aurait dit les membres d'une famille qui se réunissaient après une longue absence plutôt que ceux de deux peuples si longtemps divisés. Le président du banquet, M. Francisque Bouvet, portant le premier toste, prononça les paroles suivantes :

« Citoyens de la Grande-Bretagne, soyez
» les bien-venus au milieu du peuple fran-
» çais !

» L'accueil amical fait en Angleterre l'année
» dernière aux gardes nationaux de Paris, est
» resté dans notre souvenir, et nous sommes
» heureux de pouvoir y répondre aujourd'hui
» en vous exprimant nos sympathies pour le
» peuple anglais.

» Le temps n'est plus où les hommes des
» divers pays restaient étrangers les uns aux
» autres, et divisés par des préjugés hostiles.
» Durant les trente-cinq années de paix qui
» ont succédé en Europe à des guerres dé-
» plorables, le développement des lumières,
» l'essor de l'industrie, les rapports commer-
» ciaux, mais plus encore les luttes glorieuses
» de la liberté, ont abaissé les barrières in-
» ternationales que le despotisme et l'igno-
» rance avaient élevées.

» De grands obstacles sont encore apportés
» sans doute à l'union des peuples; mais il
n'en existe pas moins une vérité incontes-

» table, c'est que, de jour en jour, de progrès
» en progrès, à travers de douloureuses
» révolutions, l'humanité se dégage des
» langes de la barbarie, et s'avance d'un pas
» irrésistible sur la voie de cette civilisation
» chrétienne qui sera une ère de fraternité
» intelligente et morale.

« Déjà la guerre est presque impossible;
» les peuples ont compris qu'on ne la fait le
» plus souvent que pour régner à la faveur
» de la division : ils sont las de payer de leur
» sang et de leur travail ces jeux sanglants.
» Les peuples veulent la paix, la justice et la
» liberté.

» On nie encore, on combat cette vérité,
» mais nous le disons hautement, quiconque
» repousse la paix, la justice, la liberté pour
» les peuples, est intéressé au désordre des
» sociétés.

» Citoyens de la Grande-Bretagne, nous
» voudrions voir les gouvernements vivre
» entre eux comme vivent les citoyens et
» les familles, et soumettre leurs différends

» à une justice commune, comme tous les
» honnêtes gens. Cette justice serait le lien
» moral d'une paix inaltérable, d'où décou-
» leraient la prospérité, la dignité et le bon-
» heur des sociétés. C'est pourquoi je por-
» terai ce toste. *A l'union des peuples !* »

A ce speech, accueilli par une triple salve d'applaudissements, M. Llyod, président de la colonne anglaise, répondit en langue française par le toste suivant :

« Messieurs, les sentiments généreux dont
» je viens d'entendre l'expression ont touché
» mon cœur. Nous devons être unis, c'est le
» désir de tous les Anglais. Je regarde comme
» un grand bonheur d'assister à ce banquet
» au milieu de vous, car je considère la garde
» nationale comme une grande famille dont
» le patriotisme et le dévouement doivent
» fonder d'une manière inébranlable l'ordre
» et la liberté.

» Deux nations comme les notres, quand
» elles sont unies comme nous le sommes,
» doivent trouver des amis partout : aucun

» peuple n'oserait leur résister. Messieurs, la
» bienveillance que nous avons trouvée chez
» vous, ne sera point oubliée quand nous
» serons de retour dans nos foyers. Nous
» souhaiterons toujours une entente vérita-
» blement cordiale entre les deux nations,
» car le cœur des Français et le cœur des
» Anglais parlent la même langue. Je bois
» donc à l'alliance perpétuelle entre les peu-
» ples français et anglais. »

Après avoir donné quelques instants à l'émotion produite par l'expression de ces nobles sentiments, M. le commandant Victor Segalas prenant la parole à son tour, porta ce toste :

« *A nos voisins, les Anglais !* Au nom des
» gardes nationaux qui, lors des fêtes de Bou-
» logne, sont allés sous mon commandement
» à Folkstone et à Douvres, je propose un
» toste à nos voisins, les Anglais. Nous
» sommes heureux et fiers de le dire : c'est
» nous, 6e et 7e légions, qui, les premiers,
» avons fait aux Anglais une visite de paix

» et d'union. En confondant les couleurs des
» deux pays et les chants nationaux des An-
» glais et des Français, nous avons resserré
» encore davantage les liens qui unissaient
» nos deux peuples.

« Qu'importe la mer qui nous sépare ! il ne
» faut pour nous réunir qu'un vaisseau déta-
» ché du port et un élan sympathique qui
» nous rapproche. Allons, Anglais, que nos
» mains se pressent, que nos verres se cho-
» quent ! Cette réunion a plus d'importance
» qu'on ne pense ; ce n'est qu'un simple
» banquet, mais l'union vient s'y asseoir : et
» pour consolider le repos de l'Europe, il ne
» fallait peut-être qu'une visite faite à l'An-
» gleterre, qu'une visite rendue à la France.
» *Vive la France ! vive l'Angleterre !* »

Ce discours, noblement pensé et chaleureusement exprimé par les accents du cœur,
produisit un effet d'autant plus grand, que
M. Victor Ségalas, chef de bataillon de la
6e légion, après avoir le premier conçu la
philantropique idée des visites internationales de Français à Anglais, et réciproquement

d'Anglais à Français, l'a mise à exécution le 17 septembre 1848.

Les plus petites causes produisent souvent les plus grands effets; qui sait? dans le *God save the Queen* chanté par des voix françaises à Paris, et dans les airs patriotiques de la France chantés par des voix anglaises à Londres, se trouve peut-être le *la* du concert universel donné par Dieu, cet immortel chef d'orchestre qui règne de toute éternité sur les harmonies du ciel et de la terre. Si nos espérances, d'accord avec nos vœux, se réalisent un jour, le nom de M. le commandant Victor Ségalas sera inscrit par la reconnaissance des peuples parmi les noms des bienfaiteurs de l'humanité.

Après différents autres tostes, parmi lesquels nous devons mentionner celui qu'un capitaine de la 7e légion, M. Froment, a porté, *A la fraternité des deux peuples les mieux civilisés!* et celui de M. Jobit : *A la reine d'Angleterre!* un chef de bataillon de la garde nationale, le commandant Napoléon Theil, couronna dignement ce banquet fraternel par les beaux vers que nous reproduisons ici pour mériter les remercîments de nos futurs amis, les lecteurs de ce livre.

Quand la lyre frémit et demande au poëte
   Ses plus nobles accents,
La corde ne saurait longtemps rester muette,
Ni le cœur contenir ses fougueux mouvements.
Récents amis, que ce banquet rassemble,
Hôtes qui, réunis en frères sur ces bords
Etonnés mais heureux de vous trouver ensemble,
Livrez votre âme à de communs transports ;
Dites-moi quel pouvoir a produit la merveille
   De votre intimité ?
   De l'antique hospitalité
   Est-ce l'esprit qui se réveille
Et veut que dans vos cœurs profondément sommeille
   L'héréditaire hostilité ?
   Une voix douce à votre oreille
A-t-elle, murmurant quelque mot enchanté,
Dissipé tout à coup vos pensées de la veille,
   Eteint votre rivalité ?
Ou bien votre amitié n'est-elle que la trève
   Qui suspend les hostiles vœux,
   Jusqu'au moment où Mars se lève
   Pour ouvrir ses terribles jeux ?

Cet éclair de bonheur qui brille dans vos yeux
N'est-il que le rayon pluvieux qui soulève
  Un instant le voile des cieux,
  Avant que le nuage crève,
  Afin de jeter à la grève,
  Comme un adieu, ses derniers feux ?
  Souffrez que ma voix vous éclaire.
Le poëte souvent, dans les conseils divins,
Sait lire et clairement révéler à la terre
  Le secret des destins.
Je ne sais si le monde, en sa course éternelle,
Gravitant vers de plus hauts cieux,
Epanouit aux feux d'une clarté nouvelle
  Son front plus radieux.
Si l'essor qui ravit la terrestre atmosphère,
  Sillonant un éther plus pur,
A dans quelque océan de subtile lumière
  Abreuvé son azur,
Ou si du Dieu vengeur le courroux séculaire
  Enfin va s'apaiser,
Si le ciel se penchant va donner à la terre
  Un fraternel baiser.
Mais la terre a frémi d'une sainte espérance :
Je la vois, attendant l'enfantement nouveau,
Dans les langes d'amour préparer en silence
  Un fortuné berceau.

Oui, j'en atteste ici tous vos cœur qui palpitent,
L'humanité va naître à des destins plus beaux,
Et ce n'est pas en vain que dans nos seins s'agitent
      Des transports si nouveaux !
Ah ! sans doute j'entends la tempête qui gronde,
Le cliquetis du fer, les éclats de l'airain ;
Je vois les plaies, le sang ruisseler, et le monde
      Souillé d'un holocauste humain.
Mais tout en gémissant mon âme se rassure,
Si j'en crois de mon cœur le fatidique augure,
Ces maux sont les derniers que la guerre aura faits,
      Bientôt viendra la douce paix
Du monde mutilé refermer la blessure,
Des martyrs sous des fleurs voiler la sépulture,
Faire oublier peut-être, à force de bienfaits,
Ces outrages sanglants que reçoit la nature.
Quel garant vous faut-il ? n'avez vous pas ouï
A travers le fracas du belliqueux tonnerre
      Cet unanime cri.
Jeté dans la bataille aux échos de la terre
Et par eux aussitôt saintement recueilli,
FRÈRES plus de combats ! Maudite soit la guerre !
Ce cri rien ne le peut étouffer désormais,
Toute l'humanité confuse et repentie,
Le murmure ; il s'élève avec même énergie,

De la pauvre cabane et du riche palais;
Il n'est plus un mortel dont la voix attendrie
Ne dise, détestant la guerre et ses forfaits,
Que la terre est de tous la commune patrie,
Qu'il y faut vivre en frères et travailler en paix.
C'est qu'enfin dans nos cœurs la divine semence,
    Porte son fruit de charité ;
C'est que les temps sont mûrs, que sous le ciel commence
    L'ère de la fraternité.
Ouvrons-la; que par nous, chers hôtes, s'inaugure
    L'universel embrassement !
Faisons de ce banquet une Pâque ou s'abjure
    L'ancien resssentiment !
Combien notre union pour tous serait féconde !
    Du globe arbitres souverains,
    Nous pouvons, unissant nos mains,
D'un invincible sceau sceller la paix du monde.
Aujourd'hui Dieu de paix jusqu'à toi montera
Le cri d'amour qui de nos cœurs s'élance !
Le regard de notre espérance,
    Tourné vers toi te touchera !
    Tu hâteras par ta puissance
Le jour où ton soleil plus radieux luira
Sur la terre arrachée à l'antique souffrance;
    Où chez tes peuples règnera
    La concorde avec l'abondance;

Ou dans leur cœur s'effacera
Même du nom la différence.
Hâte ce jour Dieu de clémence,
Et de tes fils, quand il viendra,
L'unanime reconnaissance
   Te bénira !
Et vous dont la prière à nos vœux s'associe
Dont l'âme avec notre âme en ce jour communie,
   Hôtes sacrés, convives saints !
Portez dans vos foyers, par vos mains recueillie
   Et vivante en vos seins,
L'étincelle d'amour d'humaine sympathie
   Du contact de nos cœurs jaillie !
   Gardez-la bien, elle sera
   Le gage heureux de l'alliance,
   Qui bientôt, j'en ai l'espérance,
   D'un nœud sacré nous unira !
   Des mers qu'importe la distance !
   Pour la combler, le cœur est là.
Ayez, Anglais, toujours du beau pays de France
   Au cœur la douce souvenance,
   Quand vers nos côtes cinglera
   Le vaisseau qui ramènera
   Dans nos cités votre présence,
   Sur le flot qui le portera
   Notre œil, tendu longtemps d'avance,

Le cherchera.
Revenez donc; toujours en France,
L'Anglais, gardez en l'assurance,
Chez des frères se trouvera.

Il est dix heures. Un dernier toste est porté à l'union de la France et de l'Angleterre. Tous les convives se lèvent de table et se rendent, par la rue Saint-Honoré, la place Vendôme et la rue de la Paix au café Tortoni, dont ils envahissent les salons. Cinq à six cents personnes stationnent à la porte du fashionable établissement, et font entendre les cris de *vivent les Anglais*! C'est pour la première fois que les boulevarts retentissent de semblables acclamations, regardées comme impossibles, il y a quelques années à peine, par ceux-là même qui les profèrent aujourd'hui.

Dans ce moment, un capitaine de la garde nationale présente un magnifique bouquet à M. Kennard, gouverneur du comté de Midlessex, en lui disant : « La garde nationale de » Paris offre, par mes mains et par les vôtres

» ce bouquet à votre gracieuse souveraine, la
» reine Victoria. » M. Kennard l'accepte avec
reconnaissance, et répond avec émotion à
cet acte de galanterie : « Monsieur, mes amis,
» je vous remercie, non-seulement pour ce
» joli bouquet, mais encore pour l'intention
» bienveillante pour les Anglais qui nous l'a
» fait offrir.

» Vous connaissez notre amour pour notre
» reine, et c'est pour nous rendre heureux
» que, complétant les joies de cette fête, vous
» nous avez remis pour elle un charmant
» souvenir, imprégné sur chacune de ces
» fleurs.

» Permettez-moi d'ajouter que je connais
» trop bien la galanterie du peuple français,
» pour ne pas voir dans cette attention gra-
» cieuse une nouvelle preuve de son carac-
» tère chevaleresque. Non-seulement vous
» avez voulu, par cet hommage respectueux
» rendu à notre reine, ajouter un plus grand
» prix à l'hospitalité que vous nous faites si
» douce ; mais je vois, et mes compatriotes

» verront ainsi que moi dans la délicatesse
» de votre présent, un hommage rendu à la
» femme elle-même par la spontanéité de la
» galanterie française, qui fait l'envie de tou-
» tes les nations civilisées.

» Je le comprends si bien, Monsieur, et
» chers amis, que je ne crois mieux ré-
» pondre à vos gracieuses intentions qu'en
» offrant à mon tour ces fleurs en votre nom,
» et toujours à l'adresse de notre bien-aimée
» souveraine, à la seule dame qui soit présente
» à cette réunion. »

Disant ainsi, M. Kennard, revêtu d'un brillant uniforme de cavalerie, se dirigea respectueusement vers l'extrémité d'un salon, où trois personnes s'étaient assises pour prendre des glaces. Parmi ces trois personnes, silencieux témoins de la scène que nous venons de décrire, se trouvait une jeune dame, jolie, gracieuse et blonde comme on l'est seulement en Angleterre. Cette jeune dame, accompagnée de son père et de son mari, était effectivement une ravissante fleur transplantée momentanément des jardins de Londres à Paris. Arrivé près d'elle, son heureux compatriote lui remit le bouquet de fleurs, en lui disant qu'il la choisissait pour intermédiaire entre la France et la reine d'Angleterre, et que, reine elle-même par la beauté, il la priait d'accepter le sceptre de fleurs qui, par la grâce de Dieu, appartenait à Sa Majesté.

La jeune femme accepta le bouquet, et son mari, prenant à son tour la parole, remercia chaleureusement les Français qui venaient d'offrir si gracieusement à l'un de ses compatriotes l'occasion de prouver qu'il suffisait de mettre le pied en France pour se pénétrer de toutes les bonnes traditions.

Pendant que cette scène se passait dans un des salons de Tortoni, une jeune bouquetière, que l'on trouve jolie, offrait dans une autre salle ses bouquets aux schelings de l'Angleterre. Un jeune gentleman, impressionné peut-être par le champagne, et plus encore par les beaux yeux de mademoiselle Verdurette, accepta les fleurs qu'on

présentait à sa bourse, qu'il ouvrit généreusement, et s'écria : « Mes amis les Français,
» depuis que je suis dans votre beau pays, j'ai
» vu partout écrit sur tous vos monuments le
» saint mot de *fraternité*, vous l'avez gravé
» aujourd'hui dans nos cœurs; il faut que je
» l'imprime ce soir sur les joues de roses et
» sur les roses de la joue de votre jolie com-
» patriote. » Et, sans résistance aucune, le galant gentleman déposa un brûlant baiser, deux baisers brûlants même, sur les joues, non, sur les lèvres de mademoiselle Verdurette, qui reçut sans rougir et sans baisser les yeux, dit-on, cette expression de la galanterie britannique.

A minuit, les Anglais enlacés aux bras des Français, reprirent silencieusement le chemin de l'Hôtel des Princes, où, réunis quelques instants après, ils commencèrent une nouvelle journée de fêtes à la lueur des flambeaux qui illuminaient la principale cour de ce somptueux hôtel, au bruissement du champagne, et aux accords du *God save the Queen*.

CHAPITRE IV.

Le terme assigné au séjour de nos aimables et chers visiteurs approche; quelques heures encore, et la main anglaise détachée momentanément de la main française, repassera la Manche (pardonnez-le moi, cher lecteur, il est involontaire, vrai!) Plus que quelques heures, et les heures ne sont que de trente secondes, lorsqu'elles sont escomptées par le regret qui vient au bonheur qui s'en va..... Profitons-en donc de notre mieux, jouissons du présent, et que Dieu nous rende l'avenir propice!

La soirée à laquelle nous vous convions, ami lecteur, est l'avant-dernière que nous accorde nos frères d'Angleterre. C'est une soirée intime, une soirée de groog et de punch, une soirée à la fumée de cigarre, une soirée de causeries joyeuses, sous la présidence du prince des hôtels, M. Privat, le propriétaire de l'Hôtel des Princes ; l'esprit français en fera tous les frais. Écoutez ce premier toste flamboyant de punch, et porté par un sentimental enfant de la Grande-Bretagne : *Je bois à la beauté des deux hémisphères!* Bravo! très bien! fort bien! appuyé sur toute la ligne, adopté a l'unanimité; tous les bras sont à la hauteur du front, toutes les coupes sont en vue des lèvres, buvons, amis, à la beauté des deux hémisphères! M. Privat a la parole; il est jaloux de rendre raison à son heureux convive; écoutons-le, mais avant, remplissons nos verres; c'est bien, un parfait silence attend le second toste promis par notre spirituel amphytrion.

« Notre honorable gentleman, dit-il, viens de boire à la *beauté des deux hémisphères*, permettez que je boive, moi, *aux deux hémisphères de la beauté!* » Bravo, bravissimo, hips, hips, hurra, hurra, hurra! Séance tenante, il est décidé que le toste excentrique de M. Privat aura les honneurs d'une insertion au journal *le Corsaire* !

— Ah! ça mon cher, étiez-vous au dernier bal de la présidence?

— J'y étais.

— Fut-il brillant?

— Magnifique.

— Bien composé?

— Tout le faubourg Saint-Germain y a polké.

— Belles toilettes?

— Ravissantes; une surtout semée de fleurs de lys, ce qui a fait dire à *un vieux* de la veille (ne confondez pas avec *vieille*), que la femme du lys en avait perdu la prudence (d'Ulysse).

— Aristo, — réac, va!

— Réac est un nom bordelais, il me semble, dit un Anglais.

— Sans doute, répond un fils de la France, puisque le réac aime essentiellement le Bordeaux!

— Passez-m'en un verre, je vous prie.

— Deux si vous voulez.

— Le bordeaux ne fait jamais mal.

— Et il est d'autant meilleur que longtemps il a voyagé!

— Un pari, messieurs! je parie cinq bouteilles de champagne!

— Pourquoi pas cinquante?

— J'aime le nombre cinq, moi.

— C'est juste, vous en avez le droit.

— Je parie donc cinq bouteilles de champagne, que nul d'entre vous ne répondra trois fois de suite, sans perdre, *que m'importe*, à trois phrases différentes. Est-ce tenu?

— Je tiens.

— Y êtes-vous?

— J'y suis.

— Je commence : Les Mazziniens sont-ils vraiment acculés sur le Pô?

— Que m'importe.

— Quand les membres du gouvernement provisoire rendent-ils leurs comptes?

— Que m'importe.

— Garçon, cinq bouteilles de champagne, monsieur a perdu.

— Apportez, garçon, mais pour l'addition de monsieur, car je n'ai pas perdu.

— Vous avez perdu, vous dis-je.....

— Comment donc cela ?

— Parce qu'à ma troisième phrase, garçon cinq bouteilles de champagne, monsieur a perdu, vous auriez dû répondre : Que m'importe ?

— J'ai perdu..... Garçon, cinq bouteilles de plus, je les centuplerai demain.

—

— Tu fais donc une fin, mon cher Oscar, il est donc bien vrai que tu te maries?

— Hélas oui !

— Et ta bien-aimée est belle et jolie, sans doute?

— On..... le..... dit.....

— Fat, va ! Elle a de la fortune ?

— Con - si - dé - ra - ble - ment.

— N'importe, mon cher, je te plains.

— Pourquoi donc?

— Et pardieu, parce que tu te maries.

— Mais, Monsieur n'est pas à plaindre, fit

un Anglais, le doyen d'âge de la société, le mariage est une fort belle et bonne chose ; tenez, regardez-moi bien, mes jeunes amis, tel que vous me voyez, je me suis marié trois fois.

— Trois fois, grand Dieu !.. Monsieur, j'ai vu des hommes bien braves en ma vie, mais je vous tiens pour l'homme le plus courageux de France et d'Angleterre. . . . . . .

. . . .

. . . .

La soirée se prolongea ainsi fort avant dans la nuit, partagée entre de copieuses libations et de folles causeries, sans dépasser pourtant les bornes d'une exquise convenance. Nous en prenons acte avec d'autant plus d'empressement que nul hémisphère ne prêtait à cette soirée le contingent de la beauté.

Le lendemain, le Jardin d'Hiver, cette merveille féerique de Paris, où le génie du printemps semble avoir réuni toutes les fleurs tous les arbustes du monde, le Jardin d'Hiver donnait la splendide fête, *à la France*, annoncée depuis si longtemps.

On ne saurait se faire une idée de la magnificence de cette solennité, qui a réalisé les fabuleux enchantements des Mille et une Nuits. Les Anglais prenaient plaisir à s'égarer dans les sinuosités accidentées et les allées mystérieuses de ce jardin d'Armide, où, tout à coup, derrière un buisson de fleurs, une cascade jaillissante, apparaissaient à leurs yeux de ravissantes jeunes femmes élégamment parées pour le bal qui devait s'ouvrir à minuit. En attendant cette heure, l'incomparable orchestre de Strauss, charmait, en la rendant oublieuse, l'impatience des danseurs. De son côté, la musique de l'artillerie de la garde nationale jouait alternativement les airs nationaux de l'Angleterre et de la France.

Ce ne fut que vers deux heures du matin que les délégués de la colonne expéditionnaire commencèrent à prendre place à la tribune d'honneur qui leur avait été préparée. Le bal brillant, animé, sous un dôme étincelant de cristal, éclairé par les mille soleils de la plus belle illumination qu'on ait jamais vue, se prolongea jusqu'à cinq heures du matin.

Alors nos honorables visiteurs se retirèrent pour terminer leurs apprêts de départ, qui devait avoir lieu dans la matinée même.

. . . .

L'heure suprême de l'adieu vient de sonner! Tristement obscurci par les douleurs du regret elle rayonne cependant par les consolations de l'espérance, car l'adieu qui va s'échanger entre les enfants de la Grande-Bretagne et les fils de la France, ne sera pas éternel. La fraternité, saint pionnier de l'humanité, vient d'ouvrir entre les deux grandes nations un chemin inconnu jusqu'alors. La vapeur a prêté ses ailes de flammes à la rapidité de son parcours; Londres est pour ainsi dire en vue de Paris, poitrine contre poitrine, non plus cette fois bardée de fer, mais pleine d'amour, de générosité et d'estime réciproque, non plus pour se déchirer et se frayer un chemin sanglant vers le cœur, mais pour confondre leurs lèvres sous un éternel baiser de paix, car cette fois le rameau d'olivier a remplacé dans leurs mains l'épée de la bataille... et nos seigneurs Saint-Georges et Saint-Denis ont pour toujours oublié leur vieux cri de guerre en les abjurant sous les plis glorieux de leurs drapeaux réunis. . . . .

Ainsi donc point d'*adieu*! ce mot est souvent le synonime de la mort. Au retour, frères! Partez, mais revenez bientôt; venez prendre place aux banquets de la France; revenez planter de nouveaux jalons de fraternité pour les générations futures. Revenez, amis et frères de la Grande-Bretagne, revenez, nous chanterons encore ensemble le *God save the Queen*, car nous aussi, Français, nous aimons votre souveraine, reine par le cœur et par la beauté, avant de l'avoir été par la puissance et la majesté du trône.... Revenez, amis et frères, revenez, et en attendant, encore une fois *hips, hips, hurra, hurra, hurra,* pour la France et l'Angleterre. . . . . . .

Tandis que les visiteurs anglais, lancés à toute vapeur sur le chemin de fer, se rendent à Boulogne, où les attend un somptueux banquet, inscrivons sur la dernière page de ce livre, un nom qu'ils emportent gravé dans leur cœur, le nom de M. Privat, le propriétaire de l'Hôtel des Princes. M. Privat a tenu le premier rôle de cette semaine de fêtes et de plaisirs offerte aux nobles insulaires, et dont lui seul, pour ainsi dire, a pris l'initiative et fait les frais. Aussi les Anglais qui savent si bien apprécier toutes choses, ont-ils rendu hommage et justice au tact exquis et au goût parfait que le prince des hôtels a mis dans ses rapports incessants avec eux. Chacun d'eux, en partant, lui a promis une amitié sincère, et tous, au retour à Londres, se sont promis de lui envoyer de leur pays un *souvenir* honorable de leur gratitude, un *souvenir* digne de la première visite fraternelle de l'Angleterre à la France.

SECONDE PARTIE.

—

UNE SEMAINE A PARIS.

Le meilleur moyen pour bien voir Paris, quand on n'a peu de jours à lui donner, est de bien employer son temps. Le plus sûr moyen de bien employer son temps, est de le calculer de manière à ne pas en perdre inutilement une minute; pour ne pas en perdre une minute, il faut classer méthodiquement ses zônes, organiser le plan de sa journée comme celui d'une tragédie, observer en un mot l'unité de temps, d'action et de lieu.

Cette combinaison nécessite par conséquent un travail préparatoire fort difficile, impossible même à l'étranger, et qui lui est cependant indispensable pour *bien voir* dans les conditions que nous venons de préciser. Eviter à l'étranger ce pénible labeur ou parer à son impossibilité, est le but que nous nous sommes proposé dans cette seconde partie, que nous lui offrons comme le supplément obligé de la première.

Ce travail, esquissé largement à grands traits, sera pour le voyageur étranger un cicerone sûr, rapide et discret, un guide consciencieux et désintéressé.

PREMIÈRE JOURNÉE.

L'Hôtel des Princes est notre point de départ. Ainsi que nous l'avons déjà dit, de tous les hôtels, le plus confortable et le plus heureusement situé au centre des plaisirs et des affaires, l'Hôtel des Princes est le foyer où viennent se réunir simultanément tous les rayonnements de la capitale.

Huit heures viennent de sonner, c'est une heure matinale à Paris, n'importe, ce sera celle que nous consacrerons à nos déjeûners, tout le temps que durera notre semaine explorative ; déjeûnons donc, cher compagnon de voyage, permettez-moi ce titre, car, dès à présent, je m'attache à vous, je deviens votre ombre, et ne vous quitte plus que, lorsqu'après vous avoir parfaitement fait visiter Paris, vous m'aurez offert votre amitié et votre main, seuls honoraires qu'ambitionne votre dévoué cicerone. . . . .

Le premier monument que nous trouvons sur notre chemin est la Bibliothèque Royale, conservons-lui son premier nom.

L'origine de cette bibliothèque, le premier bazar littéraire de l'Europe, remonte au roi saint Louis, qui y avait réuni deux ou trois livres curieux; mais Charles V doit être seul considéré comme son fondateur, car, à la mort de ce roi, on comptait déjà neuf cents manuscrits. Ces trésors de lettres et de sciences disparurent pendant l'occupation des Anglais. Achetés au prix de 1200 livres par le duc de Bedfort, ils furent transportés à Londres.

Charles VII, Louis XI, Louis XII et François Ier, comblèrent largement les lacunes opérées par ce désastre. Sous ce dernier prince, la biblothèque se composait de 1,890 volumes. Sous Louis XIII, elle en contenait 16,746, sous Louis XIV, 70,000, sous Louis XV, 100,000, et de nos jours, plus d'un million.

Avant d'arriver aux salles, on traverse une cour oblongue, et l'on remarque, en montant l'escalier principal, une fort belle tapisserie, souvenir du château du chevalier Bayard. Les personnages qu'elle représente rappellent les costumes du moyen âge.

La bibliothèque se divise en quatre sections : 1° livres imprimés; — 2° manuscrits, chartes et diplômes; — 3° médailles et antiques; — 4° cartes et plans. — Dans la salle carrée, appelée le salon, est une statue en bronze de Louis XVIII; au centre de la galerie transversale, on voit le Parnasse français en bronze, offert par Titon du Tillet. On remarque avec un vif intérêt un magnifique bassin de porphyre qui a servi, dit-on, au baptême de Clovis. Les manuscrits sont au nombre de 80,000, parmi lesquels se trouvent ceux de Galilée, de Léonard de Vinci; des lettres d'Henri IV à Gabrielle d'Estrées; les heures d'Anne de Bretagne et de saint Louis; l'alcoran du sultan N..., le manuscrit de Télémaque, par Fénélon; l'original des pensées de Pascal, les mémoires de Louis XIV, écrits de sa main; un volume de trois cents pages, contenant les noms de toutes les victimes de Robespierre, ce tigre à face humaine, que des hommes, qu'on appelle Lamartine, ont cherché à réhabiliter! On y remarque aussi des autographes de François Ier, Turenne, Voltaire, Corneille, Racine, Bossuet, Boileau, madame de Maintenon, etc...

Dans le cabinet des médailles et antiques, nous vous recommandons la fameuse table isiaque, le vase de Ptolémée, l'épée de l'ordre de Malte, le cachet de Michel-Ange, le sceau de Childeric, et le fauteuil de Dagobert.

Le cabinet des estampes, qui occupe plusieurs salles de l'entre-sol, contient 1,400,000 estampes, renfermées en 8,000 portefeuilles.

Allons maintenant au *Palais-Royal*, et traversons, pour nous y rendre, la place des Victoires, créée en 1684, sur les démolitions de son hôtel, par Francois, vicomte d'Aubusson, duc de la Feuillade.

Cette jolie place, dont il fit tous les frais dans un but d'utilité publique, autant que pour satisfaire l'enthousiasme qu'il ressentait pour Louis XIV, est ornée de la statue équestre du grand roi, exécutée en bronze par Bosio; l'ensemble de ce monument remarquable a coûté 535,000 fr. Nous voici au Palais-Royal, somptueux édifice qui ne compte cependant que deux siècles. Rien de plus curieux que l'histoire de ce palais, bâti en 1629 par le cardinal Richelieu, sur l'emplacement des hôtels d'Armagnac et de Rambouillet. *Palais-Cardinal* en 1736, il devint à la mort du grand politique *Palais-Royal*, et Louis XIII en hérita par suite de la donation que lui en fit Richelieu dans son testament paraphé à Narbonne, au mois de mai 1642 Après l'avoir habité quelque temps, Louis XIV l'assigna à Henriette-Marie, reine d'Angle terre, qui l'occupa jusqu'en 1661. Ce fut à cette époque que *Monsieur*, frère de Louis XIV, en prit possession avant de s'en rendre définitivement propriétaire; ce qu'il fit après le mariage de son fils, le duc de Chartres, avec Marie-Françoise de Bourbon.

Monsieur étant mort en 1701, le duc de Chartres son fils, prit le titre de duc d'Orléans, et le Palais-Royal changea bientôt de physionomie.

Philippe, nommé régent le 2 sept. 1715, en fit aussitôt une cour infâme d'hommes titrés qui, trempant leurs blasons dans la boue, échangèrent leurs vieux noms contre celui de *roués*; une cour de femmes tombées de tous les échelons de la société dans le deshonneur, et recueillies pour ses plaisirs dans la fange abjecte de la débauche. Alors les folles joies avaient remplacé le génie, le vice la piété, et la dissolution la plus effrénée posait à nu pour l'histoire, dans les salons dorés de la régence.

Jetons un voile sur cet amas d'iniquités, et passons.....

Voyez-vous ces jardins magnifiques, ces belles pelouses abritées sous de beaux arbres, ces mystérieuses allées inventées pour les bonheurs paisibles et tranquilles? Eh bien! demain ces jardins deviendront le quartier général de l'insurrection. Ecoutez ce jeune tribun, sa voix sonore tombe en tonnerre sur la foule qu'il électrise, il produit la révolte, il arbore et distribue pour cocarde les feuilles vertes où s'abritaient les oiseaux du ciel; sur ses lèvres retentit le tocsin de la révolte: à sa voix le peuple s'arme, la Bastille tombe, et l'agonie de la monarchie commence.

Le propriétaire du Palais-Royal, Louis-Philippe-Joseph d'Orléans, se fait le complice de Camille Desmoulins, et de sa main parricide il aide à dresser l'échafaud régicide qui le réclamera bientôt à son tour. Passons encore, car pour l'effacer sans doute au jour de l'expiation, la pluie de sang a remplacé la pluie de boue.

A la mort de cet homme qui avait troqué son titre de prince contre l'ignoble sobriquet d'Egalité, le Palais-Royal, réuni au domaine national, devint le séjour ordinaire d'une foule de bohémiens qui coupèrent les murailles pour élargir des fenêtres ou pour percer des portes.

Napoléon donna le Palais-Royal au Tribunat pour en faire le lieu de ses séances. En 1814, un inconnu se présente à la porte de ce palais, il veut y pénétrer; le suisse, qui portait encore la livrée impériale, lui en défend la porte: on ne passe pas, lui dit-il. L'inconnu insiste: il passe, se prosterne sur le grand escalier, et en baise les marches avec respect.... c'était le duc d'Orléans qui rentrait dans le palais de son père.... Seize années plus tard, il le quitta pour se glisser entre deux pavés au royal château des Tuileries, qu'il devait, dix-huit ans après, quitter comme il y était entré, furtivement en un jour de barricades.

Pendant les *Cent-Jours*, Lucien Bonaparte y établit sa résidence.

Dirigées par l'architecte Fontaine les dispositions intérieures du palais sont des plus élégantes; le bon goût des salons rivalise avec la magnificence des galeries.

Voici la salle des aides-de-camp, voilà le salon de réception: ceci vous représente la pièce qui s'est transformée un jour en salle de trône, pour recevoir une couronne ramassée dans les barricades, et c'est encore là que Louis-Philippe se l'est mise au front pour recevoir ensuite les députations de la France de Juillet. Nous sommes à présent dans la salle de société qui va nous conduire à la galerie dorée, puis au salon bleu, où nous admirerons une fort belle collection de tableaux. Allons aux Tuileries maintenant.

Une fabrique de tuiles a donné son nom au Palais qui reçut en 1564 la première pierre de la demeure des rois. Sous l'inspiration de Catherine de Médicis, le célèbre abbé de Saint-Serges et de Saint-Éloi, Philibert de Lormes, se chargea de la construction de ce monument, achevé sous Louis XIV par les architectes Levau et Dorbay.

Cinq pavillons et quatre corps de logis sur une même ligne, ayant 346 mètres de longueur sur 35 de largeur, forment la façade du Palais; l'ordonnance de l'intérieur est remarquable de magnificence.

La salle des gardes, le salon bleu, la salle du conseil, la salle de réunion, la galerie de Diane, le salon d'attente, le salon d'Apollon, la salle du trône, la salle des maréchaux rivalisent en splendeur.

Le château des Tuileries a tour à tour abrité Catherine de Médicis, qui, quatre jours avant les massacres de la Saint-Barthélemy, y donna une magnifique fête; Louis XIV, Louis XV, Louis XVI, la Convention nationale, Napoléon, Louis XVIII, Charles X, Louis-Philippe et les hauts et puissants seigneurs de la Bohême, marquis des barricades, héros et conquérants des portes ouvertes. Otons à ce palais le prestige de grandeur qui l'environne, et nous verrons sur chaque pierre une date sinistre, une teinte sombre, du sang, et de récentes traces de boue.

Le 25 juin 1791, Louis XVI, le meilleur des rois, arrêté à Varennes, y rentre en prisonnier avec toute son infortunée famille. Le 20 juin 1792, le peuple prélude aux massacres du 10 août en violant le dernier asile de la royauté, forçant la royauté elle-même à poser sur son front, en guise de couronne, le sinistre bonnet rouge du sans-culottisme. C'est aux Tuileries que le 20 janvier 1793, le plus inique des jugements condamna à la peine de mort l'héritier de Henri IV et de Louis XIV..... Passons, passons vite, descendons au jardin, l'un des plus beaux jardins d'Europe, dessiné sous Louis XIV par le célèbre Le Nôtre; sous le dôme vert de ces beaux tilleuls séculaires reposons un instant notre cœur assombri des tristes souvenirs que vient de nous rappeler la demeure des rois, puis dirigeons-nous au Louvre, le plus intéressant monument de France, car l'histoire de la France est écrite en partie sur ses murailles. Rien de positif sur l'origine et l'étymologie du Louvre. Les chroniqueurs en attribuent la construction, les uns à Childebert, les autres à Philippe-Auguste : ceux-ci sont évidemment dans l'erreur, puisque, vainqueur à Bouvines, Philippe-Auguste enferma dans la tour du Louvre, achevée avant son avénement au trône, Ferdinand, comte de Flandres. Le Louvre avait alors le triple avantage d'être forteresse, demeure et prison royales. Feuilletons rapidement les siècles. Le vieux palais de Philippe-Auguste a passé de mode; l'illustre vaincu de Pavie veut oublier sa défaite et mesurer avec les Médicis des forces qui n'ont pu lutter avec Charles-Quint. Un Louvre nouveau s'élève magiquement à la place de l'ancien : commencé par François Ier, il est achevé par Henri II, sur les dessins de l'abbé de Cluny, enrichis par le ciseau de Jean Goujon.

Encore de tristes et lugubres souvenirs! passons rapidement devant cette fenêtre; le signal de la Saint-Barthélemy, dit-on, a passé par là. Pressons le pas devant cette porte, le cadavre sanglant et inanimé du bon roi Henri est rentré par là pour se rendre ensuite à Saint-Denis.

Le plan du Louvre est un carré parfait formé par quatre corps de bâtiments décorés de trois ordres d'architecture l'un sur l'autre, et dont les pavillons en avant-corps sont ornés de colonnes. Le milieu de chacune des quatre faces est orné de superbes portiques, ornés eux-mêmes de magnifiques colonnades sculptées d'après les dessins du médecin Claude Perrault, plus célèbre artiste que bon médecin. On doit à Henri IV la réunion du Louvre aux Tuileries; la galerie qui relie ces deux monuments mesure quatre cent quarante-huit mètres de longueur.

Le Louvre, terminé par Napoléon, embelli par Charles X et Louis-Philippe, peut être considéré comme le palais des sciences et des arts. Il possède les chefs-d'œuvre des écoles espagnole, allemande, flamande, italienne et française; le musée des dessins; le musée des antiques; le musée grec et égyptien; le musée de la marine; le musée de la sculpture moderne; le musée anglais.

Il nous faudrait un jour pour examiner en détail chacun de ces musées réunis dans un seul et même palais, et la fin de cette première journée avance; allons visiter l'une des plus remarquables églises de Paris.

Saint-Germain-l'Auxerrois chercherait en vain son origine dans la nuit des temps ; cependant on attribue sa fondation à Childebert. Cet édifice, paroisse dès le VIe siècle, fut ravagé, pillé et détruit en 886 par les Normands. Rebâti par le roi Robert en 998, il fut agrandi par Charles VII : son voisinage du Louvre et des Tuileries la fit longtemps considérer comme paroisse royale.

Il perdit ce privilége en 1830, en faveur de Saint-Roch, qui reçut fréquemment la visite des princesses d'Orléans.

Saint-Roch que nous allons trouver sur notre chemin, a reçu en 1653, sa première pierre des mains de Louis XIV et d'Anne d'Autriche, sa mère. En 1721, le célèbre Law, lui fit hommage d'une somme de 100,000 fr. jugée nécessaire à son achèvement, qui n'eut lieu cependant qu'en 1739. Parmi les objets dignes de remarque se trouvent deux chapelles situées près de l'entrée principale, dans les deux chapelles de l'aile droite. Elles possèdent les tombeaux du cardinal Dubois, des ducs de Créqui, de Lesdiguières, de Mignard, de Le Nôtre, de madame Deshoullières, de Maupertuis, du maréchal d'Hasfeld, du comte d'Harcourt, etc.

Nous voilà de nouveau dans la rue Richelieu. Cette fontaine, qui porte empreint sur la robe de marbre de ses statues l'oubli de deux siècles, a été élevée en l'honneur de Molière, le grand poëte et le grand comédien. Les dessins du monument, qui compte seize mètres de hauteur, appartiennent à l'architecte Visconti; la statue de Molière est de M. Seurre aîné. Les deux muses qui lui servent de compagnes se sont animées sous le ciseau inspiré de M. Pradier.

Il est six heures ! la cloche de l'Hôtel des

Princes se fait entendre pour rallier ses nombreux habitants à la table d'hôte. Allons nous y asseoir, nous y trouverons excellente société, bon vin et bonne chère.

Quel spectacle vous offrirai-je maintenant, cher compagnon? Commençons par les Français, d'autant plus que Rachel joue ce soir. Nous terminerons dignement ainsi notre première journée.

Commencé par l'ordre du duc d'Orléans, sur les dessins de Louis, ce théâtre date de 1787. Il contient 1,522 places : on y joue le drame, la tragédie et la comédie. La subvention annuelle allouée à ce théâtre est de deux cent mille francs.

SECONDE JOURNÉE.

Nous commencerons cette deuxième journée par une visite à la colonne de la place Vendôme; c'est une galanterie que vous nous devez en qualité d'étranger, si vous n'êtes pas Français. Dans tous les cas, c'est un hommage rendu à l'uue des plus grandes gloires des temps modernes.

La statue qui décorait jadis le centre de cette place, de figure octogone, représentait Louis XIV, brisé le 18 août 1792 par la rage populaire, poussée à l'état de vandalisme. La place Vendôme prit alors le nom de place des Piques. Plus tard, en 1806, Napoléon voulant y rappeler éternellement les exploits de la grande armée, fit ériger en son honneur une colonne monumentale en bronze, fourni par douze cents canons pris sur l'ennemi.

Après cinq années de travaux, ce monument fut inauguré le jour de la fête de l'empereur, le 15 août 1810. La colonne, couronnée par une statue du grand homme coiffé du petit chapeau et revêtu de la redingote historique, mesure une élévation de quarante-cinq mètres, le socle compris. On parvient à son extrémité supérieure par un escalier en vis de 176 marches pratiquées dans le noyau de pierre de taille du monument;

cet escalier conduit à une galerie qui fait le tour du chapiteau, et d'où l'on découvre une vue magnifique.

Nous sommes près de la place Louis XV. La seconde visite de ce jour doit être consacrée à cette place, la plus belle du monde. Remarquez en effet ce luxe de monuments qui l'encadrent : ici les Tuileries, là les Champs-Élysées et l'arc de l'Étoile; de ce côté la Madeleine, le Garde-Meuble; de celui-là le palais Bourbon... Trouve-t-on quelque part un si merveilleux ensemble, le soir surtout, lorsque au bruit des cascades jaillissantes de ces fontaines monumentales, l'œil ravi se porte avec admiration sur les huit pavillons qui sont placés autour de la place, et qui servent de piédestal aux huit principales villes de la France : Lyon, Marseille, Bordeaux, Rouen, Nantes, Lille, Toulouse et Strasbourg. Peut-on rien voir de plus beau que ces vingt colonnes rostrales si richement ornées, qui supportent des lanternes surmontées elles-mêmes par des globes d'or?

Cette place rappelle de lugubres souvenirs : c'est sur cette place que le bourreau de la Convention avait planté sa tente, et que la guillotine avait fixé sa demeure permanente. C'est sur cette place que la tête sacrée de Louis XVI tomba au bruit sourd du tambour, qui étouffa sa voix au moment où son âme allait monter au ciel. C'est encore sur cette place que la plus belle des reines, Marie-Antoinette, que la plus vertueuse des princesses, un ange, une femme, une sainte, Élisabeth, échangèrent leurs couronnes contre la palme du martyre ; c'est là que le plus pur sang de la France coula si longtemps à flots!... Les flots des fontaines jaillissantes cherchent vainement à effacer l'empreinte du pied du bourreau; la tache imprimée par la hache révolutionnaire restera éternellement ineffaçable au regard de la postérité. Aujourd'hui l'obélisque de Luxor a pris la place de l'échafaud de 1793. Ce monolithe remarquable, haut de vingt-quatre mètres, est posé sur un piédestal d'un bloc de granit de quatre mètres de hauteur. Il domine la promenade des Champs-Élysées, et semble correspondre avec l'arc de l'Étoile que nous allons admirer.

Des jardins sans symétrie, des prés, des maisonnettes bâties sans régularité, couvraient cet immense espace de terrain, lorsqu'en 1616, Marie de Médicis fit planter trois allées parallèles au cours de la Seine. Plus tard, en 1723, le duc d'Antin, et, en 1770, le marquis de Marigny, y ajoutèrent de nouvelles plantations; enfin de nouvelles allées y furent pratiquées en 1819. La promenade des Champs-Élysées serait irréprochable, malgré son excessive régularité, si les statues des grands hommes de la France décoraient les deux lignes parallèles de l'allée principale.

Arrêtons-nous un instant à l'Élysée-Bourbon ; ce palais nous rappellera de beaux souvenirs. Construit en 1718 sur les dessins de Molé, pour le comte d'Évreux, il passa bientôt dans les mains de madame de Pompadour, qui en fit une ravissante bonbonnière pleine de fleurs. Après sa mort, Louis XV l'acheta pour en faire un hôtel destiné aux ambassadeurs extraordinaires. En 1773, le financier Beaujon, l'acheta et y fixa sa résidence après des changements considérables, marqués au coin du meilleur goût. Depuis il passa dans les mains de la duchesse de Bourbon, qui l'occupa jusqu'en 1790, époque de l'émigration. Propriété nationale en 1792, il servit aux spéculations de divers entrepreneurs de fêtes publiques, jeux, bals, concerts, feux d'artifice, jusqu'en 1804, où Murat, son nouveau propriétaire, l'occupa en attendant son départ pour Naples. Depuis lors, il abrita tour à tour l'empereur, qui en fit sa résidence favorite, Alexandre, l'empereur de Russie, Wellington, le grand capitaine anglais, le duc de Berry, noble victime désignée au poignard de Louvel; par qui? Dieu le sait.

Resté vacant depuis 1830, il avait été affecté à Marie-Amélie comme résidence en cas de veuvage. Enfin l'élu du vote universel, proclamé président de la république, Louis-Napoléon, complète jusqu'à ce jour les nombreux souvenirs de cette demeure princière.

De l'autre côté des Champs-Élysées, avant d'arriver à l'allée des Veuves, visitons le beau gymnase créé par le colonel Amoros, et dirigé aujourd'hui par son nouveau propriétaire, M. le chevalier Roux.

Sur la même ligne, entrons pour nous y reposer un instant, dans le délicieux oasis du Jardin d'Hiver, ce palais fantastique des fées, cette villégiature favorite de la mode, qui vient chaque jour secouer son écrin de diamant et prêter son voile de gaze à la brise embaumée des fleurs.... Il nous faudrait la plume d'or des conteurs arabes pour dépeindre les splendeurs de ce château des Mille et une Nuits. Un élégant portique dans le style oriental, orné de guirlandes, de candélabres, de fontaines aériennes, et soutenu par six grandes cariatides, dues au ciseau magistral de Klagmann, n'est que l'avant-goût des merveilles qui nous attendent à l'intérieur.

Après le vestibule et la salle d'attente, réservés aux domestiques, on pénètre dans une vaste salle d'exposition, où nos grands artistes se reposent dans leurs chefs-d'œuvre ; l'art prépare à la nature. Les paysagistes font les honneurs du Jardin d'Hiver. Boucher s'y promène à côté de Jordaens ; l'ambre vénitien contraste avec la suie des Flamands. Une draperie soulevée, ample et riche comme un rideau de théâtre, donne accès sur le perron du jardin, et, de là, le regard enthousiaste se porte sur un admirable spectacle. C'est l'été tiède de chaleur, vermeil, et rayonnant sous le manteau fourré de l'hiver ; les roses du printemps s'épanouissent sur les neiges ; l'œillet fleurit auprès du camélia ; la violette du printemps prête ses parfums aux brillants dahlias de l'automne ; Paris et Nice fraternisent dans une égale température.... le cœur jouit à l'unisson des yeux.

Un large escalier de douze marches conduit à travers une double haie de fleurs dans une immense salle circulaire entourée d'un spacieux promenoir et de nombreux gradins ;

c'est là que se trouve le marché aux fleurs permanent et chauffé. A chacun des angles se trouvent les salons destinées à Poiré-Blanche, le glacier-pâtissier; à Bréon, le marchand de semences horticoles; aux ateliers de bouquets et de parures, et au cabinet littéraire, où la politique française et étrangère se glissent chaque jour pour perdre leur amertume dans les parfums des fleurs.

An milieu de ce vaste cirque, une Andromède en marbre apparaît dans un massif de fleurs et d'arbrisseaux. Quatre belles fontaines à jet soutenues par de ravissants petits amours lui prêtent leur fraîcheur, et sont disposés artistement au milieu de vases délicieux, de statues irréprochables, et de charmants enfans de Debay. L'entrée du jardin proprement dit y semble être gardée par deux bronzes gigantesques de Fratin : l'un représente un sanglier éventrant un chien de chasse, l'autre un tigre cramponné aux flancs d'un cheval sauvage. Deux cheminées monumentales en stuc blanc, dont l'ornementation brillante est due à M. Bies, dominent à droite et à gauche le promenoir. Cette immense Eden de fleurs se transforme à volonté en salle de bal ou en salle de concert. Alors les banquettes de velours recouvrent les gradins, les bougies étincellent ; l'orchestre énergique et les voix des chanteurs patronnés par la mode, mêlent aux senteurs des bosquets fleuris les brises harmoniques des plus célèbres compositeurs.

Au centre du jardin anglais s'élèvent un pin colossal et de fort beaux lataniers : une magnifique pelouse partage le jardin en deux sentiers, qui montent à travers des buissons de roses, de camélias et de citroniers, pour se réunir devant un rocher hérissé d'agaves et de cactus, entre lesquels bondissent les flots d'une véritable cascade, lançant un jet d'eau jusqu'au faite du vitrage.

A droite de la pelouse, l'œil est attiré par une volière où gazouillent des oiseaux de tous les pays, et un bassin où jouent des poissons de toutes couleurs.

Une admirable fontaine en stalactites, imitée de celle de Versailles, et couronnée d'un aigle de pierre par Fratin, termine le jardin qui va toujours en montant.

De là, l'œil ravi, embrasse dans tous ses détails et dans son ensemble, un magique panorama.

Pour compléter les féeries de ce jardin plus enchanté que celui d'Amide, M. Charpentier, l'intelligent enchanteur, pensant aux jardins de Sémiramis sans doute, a jeté aux deux tiers de la hauteur, un pont suspendu circulaire d'une grande légèreté, et d'une surprenante hardiesse. En marchant sur ce pont découpé à jour, on circule entre deux rangs d'arbustes variés. C'est un second jardin suspendu dans les airs, et mis en communication avec le jardin inférieur par la cime des arbres et des orangers. L'art qui a présidé à l'habile création du Jardin d'Hiver est si bien entendu, qu'il s'efface et semble disparaître dans les odoriférants ombrages Sur vôtre tête pas de plafond qui vous écrase, — du verre ; — autour de vous, pas de murs qui emprisonnent le regard, — des glaces. La transparence du dôme montre tout le ciel qu'on veut : le miroitement des cloisons cache toutes les maisons qu'on ne veut pas, et prolonge, en le répétant, ce jardin unique au monde.

Rien n'a été oublié pour faire du Jardin d'Hiver, un établissement sans rival, résumant tout le luxe de la ville, et tous les enchantements de la campagne en floraison. C'est au Jardin d'Hiver que le monde élégant se réunit au jour des grandes fêtes ; c'est au Jardin d'Hiver que la charité donne rendez-vous à toutes les aristocraties pour les bals improvisées en faveur des misères humaines ; c'est au Jardin d'Hiver que l'art se relègue à jour fixe pour se reposer des malheurs du temps ; c'est au Jardin d'Hiver enfin que la femme jeune et belle va chaque soir demander au goût de la mode la couronne de fleurs qui sied le mieux à son front de reine.

Tout près du Jardin d'Hiver, en face pour

ainsi dire, un établissement d'un autre genre, mais également patronné par la mode, se partage les préférences du monde élégant.

Ce temple, où la mode, au son des brillantes fanfares et aux acclamations de ses nombreux fidèles, trône chaque soir au grand galop à cheval, se nomme le Cirque national des Champs-Elysées ; le parisien qui le sait par cœur, le revoit toujours avec le même charme ; le voyageur, l'étranger qui partirait de Paris sans l'avoir visité, commettrait un crime de lèze-goût.

Ce Cirque national donne des représentations tous les soirs, à huit heures. L'heureuse composition de sa troupe, qui compte un grand nombre d'artistes aimés et appréciés, non-seulement en France, mais encore en Angleterre, et dont le personnel a déjà fait deux excursions d'hiver, a captivé pour toujours la constance de la divinité capricieuse qui, pour le Cirque sans doute, a coupé ses ailes de gaze et de fleurs. Rien de plus joli, de plus coquet et de meilleur goût que la disposition intérieure de ce monument, le rendez-vous comme il faut de la fashion parisienne.

Si le temps a limité votre séjour à Paris, prolongez-le, ou bien organisez-vous de manière a pouvoir applaudir, non pas une fois, mais deux fois, trois fois, la belle Caroline, reine de la haute école, la jolie Mathilde, digne émule de Caroline, partageant avec elle le sceptre de la royauté équestre, la gracieuse Palmyre Anoto, la sylphide à cheval, les jeunes Anoto, les demoiselles Amaglia, Seigneurie, Lambert, le jeune Loisset, enfant dont le courage égale la légèreté; Hewsorne, Loisset, Lalanne, Nief Bridjes, le célèbre Auriol, et tant d'autres dont les noms nous échappent, et que vous connaîtrez avec plaisir. Maintenant chapeau bas, cher voyageur, nous sommes devant le magnifique jalon de granit à qui Napoléon a confié le soin d'indiquer aux races futures les fabuleux exploits des armées françaises; nous sommes devant l'Arc-de-Triomphe, le plus grand qui existe au monde. La hauteur totale de ce monument mesure 51 mètres de hauteur sur 46 mètres de largeur, et a 23 mètres d'épaisseur.

Commencé en 1806, terminé en 1832, l'Arc-de-l'Etoile est l'un des édifices les plus remarquables de Paris: ses deux faces principales sont tournées vers les Champs-Elysées et Neuilly. Celles des côtés regardent le Roule et Passy. Ces faces sont ornées de trophées emblématiques; celle de droite, en regard des Tuileries, représente *le Départ*, en 1792; le trophée de la face gauche représente le *Triomphe* de 1810; sur le côté qui fait face au pont de Neuilly, on a donné le groupe de la *Résistance*, dû au ciseau de M. Etex; le même artiste a sculpté le trophée de gauche représentant la *Paix*.

Entre l'imposte du grand arc et l'entablement, se voient quatre bas-reliefs représentant, l'un les funérailles du général Marceau, l'autre la bataille d'Aboukir, le troisième le passage du pont d'Arcole, le quatrième la prise d'Alexandrie. La face latérale de l'arc regardant le midi, est ornée d'un bas-relief représentant la bataille d'Austerlitz. Sur la face latérale qui regarde le nord, un autre bas-relief représente la bataille de Jemmapes.

Les quatre Renommées qu'on admire dans les quatre tympans Est et Ouest, sont dues à M. Pradier. Sur des boucliers placés dans la hauteur de l'attique, on lit, au nombre de trente, les noms de nos victoires commençant par Valmy pour arriver à Ligny. Sous les voûtes du grand arc, on lit encore les noms de quatre-vingt-seize autres victoires. Les massifs des arcades générales offrent les noms de trois cent-quatre-vingt-quatre généraux, au-dessous desquels on lit ceux de nos différents corps d'armée.

Dans l'intérieur du monument, sont de vastes salles et de fort beaux escaliers qui conduisent à une plate-forme d'où l'on découvre le magnifique panorama de Paris et de ses environs; plus la magnifique arène de l'Hypodrome, le spectacle géant de Paris.

Pouvant lutter en espace avec les Colysées antiques, l'Hypodrome de Paris est l'une des plus belles choses que l'on puisse voir au monde ; les jours de fête surtout, lorsque des milliers de spectateurs se rangent en amphithéâtre sur d'innombrables gradins, au bruit des fanfares cuivrées, accompagnées par le hennissement des chevaux de race qui piétinent dans l'arène. Rien de plus curieux, de plus animé, de plus intéressant que les exercices et les jeux de ce beau spectacle exécutés pour ainsi dire par des acteurs-centaures ! Tantôt c'est une chasse à courre; tantôt c'est la pyramide équestre, parfois c'est un brillant tournoi, demain le char du soleil fera trois fois le tour de l'arène, escorté par les Divinités de la fable étincelantes de pourpre et d'or. C'est encore un brillant carrousel, une course rapide d'amazone, un steeple-chasse à fond de train, et mille autres merveilles que nous recommandons aux voyageurs; il faut tout voir à Paris.

Maintenant, si vous le voulez bien, nous reprendrons par un autre chemin, celui de notre hôtel, et nous verrons en passant trois églises remarquables, l'une par les souvenirs qu'elle rappelle, l'autre par la richesse de son architecture, la troisième par l'excentricité de son élégance. Louis XVIII voulant perpétuer la mémoire des fatales journées des 21 janvier et 16 octobre, fit élever une chapelle expiatoire sur l'emplacement même où, pendant vingt-deux années, les ossements de Louis XVI et de Marie-Antoinette avaient reposé sur un lit de chaux vive. Cette chapelle se trouve dans la rue d'Anjou-Saint-Honoré, au bout d'une symétrique allée de cyprès.

La seconde église se trouve sur la place de la Madeleine, qui lui a emprunté son nom. Cet admirable monument moderne, élevé sur l'emplacement d'une petite chapelle attenant à la ville l'Evêque, maison de campagne de Monseigneur de Paris, offre la forme et le style d'un temple antique de cent mètres de longueur sur quarante-deux de largeur. Vu d'angle, il présente à l'œil une longue ligne de colonnes dont les fûts cannelés et les riches chapiteaux produisent un effet digne des plus beaux temps de l'architecture grecque.

L'interieur, qui ne ressemble en rien à celui des autres églises, n'est pas divisé en ailes, mais il forme un immense vestibule avec une terminaison semi-circulaire au nord pour le maître-autel. La description détaillée des merveilles de cette maison de Dieu est une tâche au-dessus de nos forces. Il y a de ces choses devant lesquelles la voix se tait, la plume s'arrête, et qui ne peuvent s'analyser que par le silence méditatif de l'admiration.

Continuons maintenant notre revue religieuse par une visite à Notre-Dame-de-Lorette. Cette église n'est pas un temple : c'est plutôt un salon céleste, un coquet boudoir élevé par la main des anges à la gloire de la bienheureuse Vierge Marie. Commencé en 1824 sur les données de M. Lebas, cet élégant édifice, terminé douze ans plus tard, et consacré le 15 décembre 1836, par Monseigneur de Quélen, a coûté 2,050,000 fr. Il a la forme d'un carré long, présentant une largeur de 33 mètres sur 70 de longueur. Nos meilleurs artistes ont concouru à son embellissement; ils en ont fait une délicieuse vignette anglaise burinée dans le marbre et l'or.

Maintenant allons reprendre notre place à la table de l'Hôtel des Princes, puis nous irons entendre Duprez à l'Académie nationale de musique. . . . .
. . . .

Un soir d'hiver, par une nuit de joyeuse fête, un cri sinistre s'abattit sur Paris qui sembla disparaître aussitôt dans les plis d'un voile de deuil; les roses du bal se changèrent sur tous les fronts en feuilles de cyprès, et les artistes des théâtres, se trompant de partition, ne trouvèrent dans leur cœur et sous leurs doigts que des notes de *De profundis*. C'était le 13 février, le couteau de Louvel venait d'assassiner le duc de Berry..... La salle de l'Opéra, où le prince rendit son dernier soupir, fut immédiatement fermée et transplantée de la rue de Richelieu à la rue Lepelletier. Ce théâtre, bâti comme salle provisoire dans le principe, peut contenir 1,940 personnes, et reçoit une subvention annuelle de

760,000fr. Le grand Opéra, Académie nationale de musique, est la Jérusalem des artistes qui espèrent une place au Temple de Mémoire.

Point de talent immortalisé qui n'ait reçu son brevet, sa consécration, son baptême sur cette scène fameuse, où tous les grands prêtres de l'art viennent tour à tour frapper à la porte de la popularité, que seul le parterre parisien peut ouvrir.

Quand vous avez passé par cette porte, ô vous tous qui croyez encore à l'art, vous pourrez aller moissonner partout gerbes d'or et couronnes de fleurs, car vous vous appelerez Sontag, Malibran, Falcon, Essler, Taglioni, Carlotta Grisi, Cerito, Nourrit et Duprez. Duprez, l'art fait homme.

TROISIÈME JOURNÉE.

L'église de St-Eustache sera la seconde étape de notre troisième journée. Nous trouverons là dans le contraste des lieux saints que nous avons visités hier l'occasion de fixer notre préférence. La mienne n'est pas douteuse. La prière, qui presque toujours est l'expression de la douleur, a besoin d'ombre, de silence et de mystère; l'éclat resplendissant de l'or, ménagé avec l'éclat de la lumière, a été inventé par l'art au bénéfice des salons habités par les heureux du monde. Donnez les teintes heureuses, les parfums et les fleurs, le bruit et les soirées au bal, mais laissez à l'église les teintes sombres de ses murailles; ne recouvrez pas de vos tapis moelleux les inscriptions funèbres, les épitaphes des générations expirées, ne troublez pas le recueillement, qui pleure dans le désespoir ou qui invoque dans l'espérance, par les accords de vos chants de fête...; ne troublez pas les larmes de regret, l'espérance de la prière. En pénétrant dans la vaste et sombre église que nous allons parcourir, l'âme éprouve un sentiment vague qui lui annonce la présence mystérieuse de la divinité, et lui rappelle la marche de ces siècles de foi coulés dans l'histoire avec du bronze et de l'airain.

Au commencement du XIIIe siècle, s'élevait en cet endroit une petite chapelle dédiée à sainte Agnès, et qui fut remplacée, en 1223 par une église sous le vocable de St-Eustache. Ce fut à cette époque que le prêtre qui la desservait voulut prendre le titre de curé : cette qualité lui fut vivement disputée par le doyen de St-Germain-l'Auxerrois. Débouté de ses prétentions, le desservant de St-Eustache, vit disparaître dans la lutte et un à un tous les priviléges dont il jouissait, et l'état de sujétion dans lequel bientôt il tomba, donna lieu à ce proverbe longtemps en usage :

Il faut être fou pour être curé de Sainte-Eustache.

Cette église a servi de théâtre à la principale scène de la fameuse croisade des Pastoureaux. Vous me permettrez, cher voyageur, de vous conter ce merveilleux épisode du moyen âge. Louis IX venait de quitter son royaume pour guerroyer le croissant en Palestine ; la France étant dégarnie de troupes, un moine, appelé Jacob, échappé de l'abbaye de Cîteaux, profita de cet état de choses pour

agiter les gens simples de la campagne, les cultivateurs et surtout les bergers. Le visage décharné de cet homme ressemblant à de l'inspiration, sa voix sonore, son éloquence mâle et vigoureuse, lui gagnèrent bientôt le cœur de la multitude : « Je suis l'homme de
» Dieu, disait-il : je suis le maître de la
» Hongrie; j'ai vu les anges, j'ai vu la vierge
» Marie, j'ai vu saint Michel, ils m'ont or-
» donné de vous prêcher la croisade. Aux
» armes donc, mes frères ! venez à moi, vous
» tous qui êtes simples de cœur et d'esprit;
» vous seulement, car je ne veux point de
» riches, point de gentilshommes, leur cœur
» est un sépulcre vide, scellé avec une pièce
» d'or : c'est aux pauvres et aux petits que
» Dieu réserve l'honneur de délivrer les lieux
» saints. »

Les discours démocratiques de ce Proudhon tonsuré produisirent un effet de *Pierre Leroux* sur ces masses, d'autant plus faciles à aveugler, qu'elles n'avaient pas la fameuse queue éclairée d'un œil, que nous promet le citoyen Considérant. Ce nouveau prophète, que dans leur langage les bergers et paysans appelaient *Ledru* Jacob, et non pas Rollin; traîna bientôt à sa suite un nombre d'hommes égal à celui des ateliers nationaux; il leur distribua des drapeaux pleins de devises, des promesses gonflées de vent; il les réunit chaque soir en des réunions incendiaires; puis, comme la marche descendante est rapide quand on est une fois sur la pente du mal, il s'entoura de disciples exaltés comme lui, et finit par arranger à sa guise la religion catholique, la francisant, comme l'a fait depuis le défroqué Châtel, donnant à prix d'argent la confession, la bénédiction du mariage, et tonnant gratis contre les priviléges du clergé.

Un jour même, dévoré sans doute par la fièvre socialiste de ce temps-là, il envahit l'église de Saint-Eustache, fit poignarder la moitié de ses prêtres, et fit expulser l'autre. Assuré, dès-lors, de trouver dans la masse égarée de ses partisans une obéissance

aveugle, il redouble d'audace et de folie. Il attaque incessamment, ainsi qu'on le fait aujourd'hui, la religion, la famille et la propriété; il combat à outrance les *aristos et les réacs* de ce temps-là : « Avez-vous une maison,
« s'écrie-t-il, les nobles vous la prennent;
« avez-vous une fille, malheur si elle est
« belle, un noble vous la souillera. Qui vien-
« dra recueillir les produits du champ que
« vous cultivez de vos mains, et que vos
« sueurs vont féconder? un noble. »

Puis, comme certains énergumènes de nos jours, il demande du sang et des têtes.

« Combien, dit-il, faut-il au bucheron de
« coups de cognée pour abattre le chêne le
« plus fort, il en faut trente au moins......
« pauvres niais! il n'en faut qu'un pour
« trancher la tête d'un riche et d'un
« noble. »

Ces exhortations violentes ne furent que trop suivies et inondèrent le pays de sang, jusqu'au jour où la régente, s'emparant des chefs de la croisade, en fit justice. Après la mort de leurs têtes de colonnes, les bergers reprirent leur houlette, les paysans leurs instruments de labour, et bientôt après s'écoula le torrent qui, un instant, avait menacé d'engloutir la société.

L'église de Saint-Eustache a subi, à différentes époques, des travaux d'agrandissement et de restauration : mais la première pierre de l'église que nous voyons aujourd'hui, a été posée le 19 aout 1532, par Jean de la Barre, comte d'Étampes, prévôt de Paris.

Le chœur de ce monument religieux est merveilleusement orné. Un splendide pendentif, supporté par des anges, décore le sanctuaire. Les douze apôtres sont dessinés sur les vitraux des fenêtres. Le *maître-autel* mérite surtout notre attention par les dix statues que Jacques Sarrazin a groupées à ses côtés. Cet artiste a représenté saint Louis sous les traits de Louis XI, la sainte Vierge sous ceux d'Anne d'Autriche, et le petit Jésus qu'elle porte entre ses bras rappelle Louis XIV enfant.

Plusieurs grands personnages ont leur tombe dans cette église; nous devons citer celle de Anne-Hilarion de Cotentin comte de Tourville, vice-amiral et maréchal de France; celle du grand Colbert, celle enfin de Charles-François Chevert, commandeur, grand-croix de l'ordre de Saint Louis, chevalier de l'aigle blanc de Pologne, gouverneur de Givet et de Charlemont, lieutenant-général des armées du roi, etc. Son épitaphe, composée par d'Alembert, répond victorieusement au reproche qu'on a fait souvent à la vieille monarchie, de n'accepter que le talent et le génie titrés.

Ci-gît : François CHEVERT, *commandeur, etc.; sans aïeux, sans fortune, sans appui, orphelin dès l'enfance, il entra au service à l'âge de onze ans; il s'éleva, malgré l'envie, à force de mérite, et chaque grade fut le prix d'une action d'éclat. Le seul titre de maréchal de France a manqué, non pas à sa gloire, mais à l'exemple de ceux qui le prendront pour modèle. Il était né à Verdun sur Meuse, le 2 février* 1699, *il mourut à Paris, le* 24 *janvier* 1769.

Nous sommes si près des Halles, que nous pouvons nous y rendre sans nous détourner de notre itinéraire. Le premier marché qui ait été établi à Paris, se tenait à la Cité, dans le voisinage de la rue appelée rue du marché *Palu*. Plus tard, un nouveau marché, appelé le marché *de l'apport*, se tint dans le voisinage de la rue St-Denis, et fut ensuite transporté, par ordre de Louis VI, près du cimetière des Innocents. Philippe-Auguste en établit deux autres, et leur donna le nom de Halles. La plus vaste de celles qui alimentent aujourd'hui Paris, est sans contredit la Halle au blé.

Cet immense édifice circulaire, occupe la place de l'ancien hôtel de Soissons, élevé par Bullan en 1572, pour Catherine de Médicis. Sur l'emplacement de cet hôtel, détruit en 1748, la halle fut commencée en 1763 et terminée en 1767, d'après les dessins de Le Camus, de Mézières.

La consommation ordinaire de Paris, est de 1590 sacs de 159 kilogrammes par jour.

Nous voici sur les boulevarts; dans quelques minutes nous serons en vue de l'un des plus beaux monuments de Paris... En attendant, laissez-moi vous conter son origine. En 1671, les prévots des marchands et échevins voulant perpétuer le souvenir des exploits de Louis XIV, signalés dans la Flandre et la Franche-Comté, pendant l'espace de deux mois, par la prise de quarante villes fortifiées et la conquête de trois provinces, décidèrent qu'il serait élevé, à la gloire du grand roi, un arc-de-triomphe. C'est celui que nous avons sous les yeux, et qui porte aujourd'hui le nom de *Porte Saint-Denis*.

Cet arc triomphal, qui ne coûta que 500,122 francs, a 24 mètres d'élévation sur autant de hauteur; le bas-relief, du côté de la ville, représente le passage du Rhin à Tholey, et celui du côté du faubourg la prise de Maëstricht. Du côté de la ville, on voit aux pieds des pyramides deux figures colossales;

l'une sous la figure d'une femme représente la Hollande, l'autre tient une corne d'abondance et se repose sur un gouvernail. Enfin, sur la frise, on lit cette inscription en lettres de bronze :

Ludovico Magno.

Cet arc triomphal, chef-d'œuvre d'architecture, cette Marseillaise de granit a été composée par un soldat, comme le fut plus tard, aussi par un soldat, la Marseillaise, chef-d'œuvre de la poésie lyrique. A l'époque des grandes choses, alors que la sève productive déborde de toutes parts, il n'est pas surprenant qu'un double éclair de génie rayonne au front de quelques privilégiés. François Blondel en est une preuve; soldat, il parvint par sa bravoure chevaleresque et ses talents militaires à la dignité de maréchal des camps et armées du roi ; artiste, il dota la France de l'arc victorieux qu'on admire à l'entrée du faubourg Saint-Denis.

Encore un glorieux jalon planté sur la route

des siècles ! Ce second arc de triomphe (Porte Saint-Martin) a été également élevé à la puissance victorieuse de Louis XIV, deux ans plus tard, d'après les dessins de Pierre Bullet, élève en architecture du maréchal des camps François Blondel.

Il est percé de trois ouvertures, et orné de quatre bas-reliefs. Les deux premiers représentent la prise de Besançon et la triple alliance. Les deux autres, du côté du faubourg, la prise de Limbourg et la défaite des Allemands.

Un grand entablement, surmonté d'un attique, couronne toute la construction. On y voit divers attributs de l'art militaire; le soleil de Louis XIV rayonne au milieu.

Les portes Saint-Denis et Saint-Martin sont les sentinelles avancées des émeutes, qui, depuis un demi-siècle, se renouvellent si souvent à Paris.

De la porte Saint-Martin au Conservatoire des arts et métiers il n'y a qu'un pas, allons visiter les vastes galeries de ce magnifique établissement, créé dans les beaux bâtiments de l'abbaye de Saint-Martin. Ces galeries sont un musée complet de machines de toutes espèces : on y voit des instruments aratoires, des voitures, des modeles, des machines destinées à l'hydraulique et à l'agriculture. Arrêtons-nous un instant devant ce tour à guillocher : remarquez-le bien; ne retrouvez-vous pas l'empreinte des mains royales qui bien souvent s'y sont reposées, alors que la révolution veillait? Hélas! rien n'indique aujourd'hui que ce tour ait appartenu à l'infortuné Louis XVI ; n'importe, notre cœur s'émeut, et notre front se découvre avec respect devant cette sainte relique du malheur.

Louis XVI! ce nom vous rappelle, cher voyageur, la tour du Temple, cette sombre demeure où la famille royale captive se préparait dans les larmes aux palmes du martyre. C'est une bien lamentable histoire que celle de cet infortuné prince, si bon, si généreux, si faible! ce sont de bien tristes heures que les heures qui s'écoulèrent pour lui dans la tour du Temple, depuis le 14 août 1793 jusqu'au 21 janvier.

Un jour les cannibales, portant une tête de femme, s'arrêtèrent dans les jardins du Temple, et crièrent à la reine : « Regarde ! nous » t'apportons la tête de la Lamballe ! »

La princesse de Lamballe, jeune et belle comme la reine, était l'amie, la sœur de Marie-Antoinette. Jetons un voile noir sur ces épouvantables souvenirs, qui, si fort que l'on soit, font dresser les cheveux. . . . ,
. , ... , . .

Plusieurs personnages célèbres ont habité forcément la tour du temple. Sir Willam Sidney Smith, amiral anglais, fait prisonnier le 20 avril 1796, fut amené à Paris et enfermé au Temple, d'où ses amis l'enlevèrent le 10 mai 1798. Le fameux Toussaint Louverture, chef de l'insurrection de Saint-Domingue, entra au Temple le 7 août 1800, et il en sortit quelque temps après pour aller mourir dans les prisons du fort de Joux. Le général Pichegru y fut étranglé. A la même époque, le brave capitaine anglais Wright, accusé d'avoir débarqué en 1803 et 1804 des Vendéens sur les côtes de France, y fut emprisonné, et s'y coupa la gorge avec un rasoir, le 27 octobre 1805. Moreau, Lajollais, le marquis de Rivière, Cadoudal, les frères Polignac, ont également illustré de leurs noms la tour du Temple, qui fut démolie en 1811.

Un grand nombre de rues occupe aujourd'hui la surface de cet immense terrain, et conduit au vaste marché où l'économie des acheteurs peut se satisfaire dans tous les genres.

C'est aujourd'hui le jour des Italiens, courons vite à l'Hôtel des Princes ; nous trouverons à la table du prince des hôtels les dispositions nécessaires pour apprécier, dans toute leur valeur, les chefs-d'œuvre des maëstri.

QUATRIÈME JOURNÉE.

Nous avons aujourd'hui huit grandes stations à faire, toutes plus intéressantes les unes que les autres..... Nous ferons bien, je crois, de demander à notre cher hôte l'une de ses voitures les plus légères et deux de ses meilleurs chevaux. Justement voici M. Privat. Je parie 25 louis qu'il nous a devinés?

—Bonjour, Messieurs, comment avez-vous passé la nuit?

— Comme des princes dans leur hôtel.

— Où en êtes-vous de votre semaine explorative?

— A la quatrième journée.

— Il vous faut une voiture légère et deux bons chevaux? Amenez, cocher...

— Quel dommage que vous n'ayez pas tenu!

—Quoi?

— Le pari, parbleu!...

— Pourquoi?

—Parce que j'aurais dans mon porte-monnaie, que je n'ai pas, 25 louis que je n'ai point.

. . . .

— Où allons-nous, messieurs?

— Au Pont-Neuf.

— Quel numéro, messieurs?

— A celui qui précède le 5.

— C'est donc le numéro 4?

— Justement ; et allez donc...

— Suffit, j'ai compris.

Cinq minutes s'écoulent, et nous voilà sur le Pont-Neuf, au pied de la statue équestre

> Du roi vaillant,
> Le diable à quatre,
> Qui savait boire et battre,
> Comme un vrai vert galant.

Le Pont-Neuf, entre tous les monuments de Paris, est riche de souvenirs. Le roi Henri III, accompagné de sa mère Catherine de Médicis, de Louise de Lorraine Vaudemont, la reine, et des principaux magistrats de la ville, en jeta la première pierre le samedi 31 mai 1578. La physionomie du monarque, voilée par un profond sentiment de tristesse, fit dire à des rieurs que ce pont serait nommé le pont des *Pleurs*. Henri III, en effet, pleurait ce jour-là Quelus et Maugiron, tués en duel la veille, et pompeusement inhumés le matin même.

Jacques Androuet du Cerceau, architecte de ce magnifique pont, n'a reçu pour tous honoraires que cinquante écus; interrompus par les troubles de la ligue, les travaux de sa construction ne furent repris que sous Henri IV, de ses propres deniers, et sous la direction de Guillaume Marchand. Ils ne furent complètement achevés qu'en 1604. Cependant malgré les dangers qui pouvaient en résulter, le roi voulut y passer le 20 juin 1603. Un chroniqueur de ce temps-là raconte ainsi le fait. « Le vendredi, 20 juin 1603, le roi
» passa du quai des Augustins au Louvre, par-
» dessus le Pont-Neuf, qui n'était pas encore
» trop assuré, et où il y avait peu de personnes
» qui s'y hasardèrent. Quelques-uns, pour en
» faire l'essai, s'étaient rompus le cou et
» étaient tombés dans la rivière. On le re-
» montra à Sa Majesté, qui fit réponse qu'il
» n'y en avait pas un qui fut roi comme lui. »

Le Pont-Neuf devint dès lors le rendez-vous comme il faut des gens à la mode, et offrit la promenade la plus variée de Paris. A toute heure de la journée une foule active, empressée, sans cesse remuante et renouvellée, encombrait les trottoirs où les *fisiciens* de cette époque, les saltimbanques et les baladins de toute espèce faisaient voir toute espèce de tours.

Nous trouvons dans un ouvrage en vers de Berthaut la description suivante du Pont-Neuf.

> Rendez-vous des charlatants,
> Des filoux des passe-volants,
> Pont-Neuf, ordinaire théâtre
> Des vendeurs d'onguent et d'emplâtre,
> Séjour des arracheurs de dents,
> Des fripiers, libraires pédants ;
> Des chanteurs de chansons nouvelles,
> D'entremetteurs de demoiselles,
> De coupes-bourses, d'argotiers,
> De maîtres de sales métiers,
> D'opérateurs et de chimiques,
> Et de médecins purgitiques,
> De fins joueurs de gobelets,
> De ceux qui rendent des poulets,

Le petit espace qui forme le terre-plein du Pont-Neuf, conserve le souvenir de tragiques événements. C'est là que fut dressé avant la construction du pont le bucher dressé pour Jacques Molay, le grand-maître des Templiers ; c'est de là qu'il lança au cœur du roi Philippe-le-Bel cette fatale et prophétique assignation : « Je t'attends dans un an au tribunal de Dieu. » C'est là qu'après la mort de Henri IV, Marie de Médicis, sa veuve, fit construire un monument public, témoignage de sa douleur.

C'est là que le 24 août 1617 furent jetés aux flammes du bucher les restes défigurés du maréchal d'Ancres. C'est là que le 11 août 1792, la rage populaire s'escrima pareillement sur le cadavre de bronze *du seul roi dont le peuple eût gardé la mémoire.*

Plus tard enfin, la statue d'Henri IV qu'on n'avait pu briser dans le cœur du véritable peuple, reprit sa place au Pont-Neuf, sans avoir rien perdu de sa popularité, car ce monument fut rétabli par une souscription dont le montant provint des offrandes fournies par les citoyens de toutes les classes.

La rue qui regarde la tête bronzée du bon Béarnais, conduit directement au Palais de Justice. Allons encore fouiller l'histoire dans la poussière des vieux souvenirs.

Ce monument, dont l'origine perdue dans la nuits des temps semble se rapporter cependant aux premières invasions des Normands, existait depuis longtemps lorsque le roi saint Louis, y établissant sa cour, y reçut avec toute la pompe de ce temps-là le roi d'Angleterre, Henri III. En 1383, Philippe-le-Bel le fit presqu'entièrement reconstruire. Charles V l'habita; le roi Charles VII l'abandonna en 1431 au parlement. François Ier s'y réinstalla en 1531. La réception des ambassadeurs, les festins publics et les noces des enfants des enfants de France avaient lieu dans la grande salle de ce Palais, qui a subi souvent de nombreuses métamorphoses.

L'intérieur du Palais de Justice est un véritable labyrinthe où l'œil de la justice s'égarerait elle-même, si elle n'avait emprunté le peloton filé d'Ariane. La grande salle, dite des Pas-Perdus, rappelle la grandeur que les Romains apportaient à la construction de leurs monuments publics.

Les prisons de la Conciergerie se trouvent sous les voûtes du Palais de Justice, à 4 pieds au-dessous du sol. La première victime illustre qui les inaugura fut le connétable d'Armagnac, impitoyablement massacré par le peuple, le 12 juin 1418. Sous la porte principale de l'entrée de ces prisons se trouvaient, à 15 mètres au-dessous du sol, les fatales oubliettes que M. Peyre, architecte, a converties en un aquéduc.

Gabriel de Lorges, comte de Montgommery, a donné son nom à la tour que l'on voit en entrant à droite dans la cour, et qu'on appelle aujourd'hui la tour de César. Cet infortuné comte, le même qui, dans un tournoi, avait blessé mortellement le roi Henri II, y fut enfermé en 1574, après avoir été défait en Normandie. Cartouche et Damiens ont également passé par là pour se rendre en Grève. En 1794, les cent trente-deux Nantais amenés à Paris y furent enfermés.

Ravaillac et Louvel ont séjourné dans le même cachot, avant les Fieschi, Alibaud et Meunier, qui les y remplacèrent plus tard. Clôturons cette longue liste de criminels pour commencer une autre liste alimentée par la vertu, épuisée par le crime. C'est à la Conciergerie que la plus belle des femmes et que la meilleure des reines, Marie-Antoinette, revêtit la robe blanche du martyre après avoir usé dans ses larmes d'épouse et de mère la robe noire du veuvage. C'est à la Conciergerie que Bailly, Malesherbes, madame Roland, Camille Desmoulins, Danton, André Chenier, Fabre d'Eglantine, charmaient les heures de la captivité par la répétition des scènes terribles qui les attendaient sur la place de la Révolution. C'est à la Conciergerie que les vingt-et-un Girondins furent jetés pour attendre aussi l'arrêt fatal qui devait terminer sur un échafaud les tempêtes de leur vie politique.

Nous marchons dans le sang jusqu'a la cheville, horreur ! partons..... Allons prier dans la Sainte-Chapelle pour les victimes des Marat et des Robespierre.

La Sainte-Chapelle a été fondée et construite par saint Louis pour remplacer l'oratoire que le roi Louis-le-Gros avait fait bâtir en cet endroit, et loger dignement les précieuses reliques qu'il avait achetées pour 2,800,000 francs de Baudoin, empereur de Constantinople. C'était la couronne d'épine de Jésus-Christ, un morceau de la vraie croix, le fer de la lance qui perça le côté du divin Rédempteur, et plusieurs autres encore que l'on reçut avec de grandes solennités, le 14 septembre 1241.

Pierre de Montereauvon de Montreuil a déployé dans la construction de la Sainte-Chapelle tout le génie antique de l'art architecturale. Sous ses mains habiles, les blocs de pierre se transforment en faisceaux de colonnettes sveltes et minces, ou se projettent par une courbe flexible en arceaux à vive arête. Ici, ils s'épanouissent en rosaces brillantes, là, ils ondulent et serpentent en festons et guirlandes, créant, au gré de l'imagination fantastique, les mille caprices du gothique.

On assure que la première flèche de la Sainte-Chapelle était un modèle inimitable de grâce aérienne découpé en guipure. Sauval l'appelait une des merveilles du monde. Un incendie la détruisit en 1630. Les dépouilles mortelles de Boileau etaient enterrées dans la chapelle basse, sous le lutrin qu'il a immortalisé ! Pendant la première révolution, la Sainte-Chapelle devint le dépôt des archives judiciaires. L'archiviste Camus avait disposé cette chapelle pour en faire un dépôt d'archives nationales ; c'est à cette heureuse destination, sans doute, que l'on doit la conservation des magnifiques vitraux qu'on admire, et qui remontent à plus de sept siècles.

Autrefois quand la foi du peuple créait une nouvelle église, qui toujours était un nouveau chef-d'œuvre, on bâtissait près d'elle un bâtiment qu'on appela d'abord maison de l'église ou maison des pauvres, et qui devint plus tard un hôpital. Telle est sans doute l'origine de l'Hôtel-Dieu.

Philippe-Auguste est le premier fondateur connu de cet hospice, qu'il qualifie dans ses lettres du mois de mars 1208, *maison de Dieu de Paris*. Plus tard, le roi saint Louis le prit sous sa protection, le combla de biens, et le dota de riches revenus. Henri IV devint aussi l'un de ses plus généreux bienfaiteurs. Louis XIII et ses successeurs le comblèrent également de bienfaits, et contribuèrent puissamment à son agrandissement.

Louis XVI porta le nombre des lits à près de 3,000. L'Hôtel-Dieu s'appelait pendant la révolution *Maison de l'humanité*. Cet immense hospice, desservi par les religieuses de l'ordre de Saint Augustin, est admirablement tenu.

Voulez-vous maintenant entendre un grand orateur, le Bossuet de la chaire moderne, venez, l'abbé Lacordaire doit prêcher à Notre-Dame, et Notre-Dame est l'antique cathédrale de Paris.

Selon certains chroniqueurs, Notre-Dame, ce magnifique poëme en pierre admirablement daguerréotypé par la plume poétique de Victor Hugo, notre grand et premier poëte, serait la première église construite à Paris. D'après leurs assertions. elle aurait été fondée sur les ruines d'un temple érigé à Ésus ou à Vulcain, ou bien encore à Castor et Pollux.

Quoiqu'il en soit, on a trouvé dans les fondements des pierres chargées de bas-reliefs, attestant que cette église, élevée du temps de l'empereur Valentinien 1er, vers l'an 365, fut dédiée d'abord à Saint-Étienne.

Elle était encore la seule qui existât à Paris en 522, lorsque Childebert, fils de Clovis, se rendant aux vœux de Saint Germain, la fit réparer, agrandir, et augmenter d'une nouvelle basilique, sous le patronage de la Vierge, qui lui donna son nom de Notre-Dame.

En 1182, le légat Henri Héraclius, patriarche de Jérusalem, venu à Paris pour prêcher la troisième croisade, consacra le grand autel, et prêcha pour la première fois dans cette église. Le chœur fut achevé en 1223 par l'évêque Maurice de Sully; Philippe-Auguste occupait alors le trône de France. En 1447, Charles VII donna des sommes considérables pour l'embellissement de la basilique, reine des églises de France. Elle parut alors si belle à nos pères, qu'ils proclamèrent Notre-Dame le plus majestueux monument de la chrétienté. Trois galeries se déploient sur la façade, la galerie des rois, celle de la vierge et celle des colonnes. La première contenait vingt-huit statues colossales représentant les rois de France, depuis Childebert jusqu'à Philippe-Auguste. La seconde devait son nom à une statue de la vierge, et la troisième prenait le sien des trente-quatre magnifiques colonnes qui l'enrichissent. Une grande quantité d'arcs boutants partent des bas-côtés de l'église, et viennent correspondre a la voûte.

Les gargouilles, les vuivres et les tarasces admirablement sculptés, s'échappent de tous les côtés de l'édifice.

L'histoire religieuse de Paris se trouve tout entière à Notre-Dame. Pourquoi le temps a-t-il effacé au frottement de ses ailes les pages de ce poëme de granit. C'est à Notre-Dame que Philippe-le-Bel, vainqueur à Cassel, entra à cheval et tout armé pour remercier Dieu de la victoire qu'il venait de remporter.

C'est à Notre-Dame que le prince de Conti entrant dans l'église, décorée des drapeaux de Fleurus, de Steinkerque et de Nerwinde, prit le maréchal de Luxembourg par la main, et s'écria, en écartant les flots de la foule: *Place, Messieurs, laisser passer le tapissier de Notre-Dame.*

C'est à Notre-Dame qu'on attachait en temps de guerre les drapeaux de l'ennemi, et qu'on venait chanter au jour de paix le *Te Deum* de la reconnaissance à Dieu.

La vue qu'on découvre du sommet des tours est admirable, mais un voyage aérien devient nécessaire pour se la procurer, 389 marches y conduisent. La charpente des voûtes, appelée *la Forêt* est entièrement construite en bois de chêne : sa hardiesse et sa solidité excitent l'admiration des connaisseurs.

La plus grande cloche de France, le Bourdon, se trouve dans la tour méridionale. Ce colosse d'airain, fondu en 1685, le seul qui ait échappé aux creusets de la révolution, pèse 16,000 kilogrammes ; il a eu pour parrain et marraine Louis XIV et Marie-Thérèse. Sous la République, la Convention décréta que l'église de Notre-Dame porterait désormais le nom de *Temple de la Raison*. Mais bientôt après, le plus grand capitaine des temps modernes effaça avec la pointe de son épée cette ridicule inscription, gravée sur le portail, et se prosternant aux pieds des autels qu'il venait de relever, il reçut de la main de Pie VII la couronne impériale des Français.

Voici encore une église dont l'origine remonte aux premières pages de notre histoire. St-Gervais existait déjà sous l'épiscopat de saint Gervais, évêque de Paris au VI° siècle. Le portail, commencé en 1616, fut achevé en cinq années, d'après les dessins de J. Desbrosses, architecte du Palais du Luxembourg. Rebâtie en 1212 par Charles VI, et de nouveau restaurée et agrandie en 1581, la chapelle de la Vierge est considérée comme un chef-d'œuvre.

Plusieurs personnages importants sont enterrés dans cette église : entre autres le chancelier Voisin, Paul Scarron, époux de Françoise d'Aubigné, qui depuis devint madame de Maintenon; Amelot de la Houssaye, et Lafosse.

Nous voici à l'Hotel de Ville; parcourons ce vaste monument qui, depuis le demi siècle que nous venons de franchir, est devenu si souvent le palais de l'émeute triomphante. La première pierre de l'Hotel de Ville, a été posée le 15 juillet 1533 par Pierre de Viole, mais l'édifice ne commença véritablement à s'exécuter qu'en 1549, lorsque Henri II eût accepté les dessins de Dominique Boccadoro de Cortone. Il ne fut toutefois terminé qu'en 1605, sous Henri IV.

La façade principale, ainsi que vous le voyez, se compose d'un corps flanqué à ses extrémités de deux avant-corps percés d'une arcade. L'horloge que vous apercevez au milieu, chef-d'œuvre du fameux Lepaute, est le meilleur régulateur de Paris.

La statue qui décore l'extrémité supérieure de la porte principale vous représente Henri IV. Détruite en 1792, elle a été remplacée pendant la Restauration. La série de niches, percées symétriquement de distance en distance, renferment les statues des magistrats les plus distingués de Paris depuis les premiers temps.

Si nous pénétrons dans l'intérieur, nous y

verrons des salles fort remarquables, telles que celles du trône et du zodiaque.

Restauré sous Louis-Philippe, l'Hôtel de Ville se prête merveilleusement à l'exécution des fêtes publiques, sans entraîner les dépenses énormes qui signalèrent les fêtes du

Sacre de Napoléon,	1,745;646, fr.
Mariage de Marie-Louise,	2,670,932
Naissance du roi de Rome,	600,000
Baptême du duc de Bordeaux,	680,000
etc... etc.........	

L'Hôtel de Ville joue un grand rôle dans l'histoire de nos révolutions, car il a toujours été le point de mire des émeutiers..... Ne remontons par le cours des temps qui nous mènerait trop loin, ne dépassons même pas les limites de la première Révolution, et le cadavre de Jacques de Flesselles, le dernier prévôt des marchands, assassiné sur la dernière marche de l'escalier; citons seulement la grande comédie jouée par Lafayette, en 1830, citons la meilleure des Républiques et le fameux programme de la Charte-vérité; mentionnons également cette autre comédie du 15 mai 1848, succédant à la comédie non interrompue et sans entr'acte du 24 février.

Si l'Hôtel de Ville a souvent prêté ses salons et ses fenêtres à la représentation des scènes comiques, il a servi bien souvent de scène à la représentation des drames sanglants.

Combien de tragédies, commencées sous les riches tentures de velours et de soie, ont trouvé leur dénouement sur cette place puplique, où les instruments de mort ont torturé l'agonie des Cartouche, des Ravaillac, des Nivet et des Damiens...... Damiens, ce nom rappelle le plus cruel et le plus long supplice que la férocité humaine ait jamais pu inventer. Voici les détails de cette exécution, à laquelle des femmes, beaucoup de femmes, immensément de femmes assistèrent, jeunes, belles et parées comme pour un jour de fête.

Le supplice commença à 5 heures. La main droite du patient qui tenait un couteau fut brûlée lentement; les atteintes de la flamme arrachèrent au supplicié un cri horrible. Dans cet instant, le greffier s'approcha du condamné et le somma de nouveau de désigner ses complices. Il protesta qu'il n'en avait pas. Au même instant il fut tenaillé aux mamelles, aux bras, aux cuisses et gras des jambes. Puis, sur ces chairs entr'ouvertes on répandit du plomp fondu, de l'huile bouillante, de la poix brûlante, de la cire et du plomb fondu ensemble.

Pendant cet épouvantable supplice, le patient ne fit entendre que ces mots : Mon Dieu! mon Dieu! la force! la force! mon Dieu! ayez pitié de moi! Seigneur, mon Dieu! que je souffre! Seigneur, mon Dieu! donnez-moi la patience. A chaque tenaillement on l'entendait crier douloureusement, mais, de même qu'il avait fait lorsque sa main avait été brûlée, il regarda chaque plaie; et ses cris cessaient aussitôt que le tenaillement était fini.

Enfin on procéda aux ligatures des bras, des jambes et des cuisses, pour opérer l'écartèlement. Cette opération fut très-longue et très-douloureuse. Les cordes étroitement liées, portant sur les plaies si récentes, arrachèrent des cris douloureux au patient, sans l'empêcher toutefois de se considérer avec une curiosité singulière. Les chevaux étant attachés, le signal fut donné, et l'extension des membres devint effrayante, sans que rien cependant n'indiquât le démembrement. Malgré les coups de fouet et les efforts des chevaux, cette dernière partie du supplice durait depuis une heure, lorsque les médecins et chirurgiens attestèrent aux commissaires qu'il était presque impossible d'opérer le démembrement, si l'on ne facilitait l'action des chevaux par une amputation préalable. Sur ce témoignage les commissaires donnèrent au bourreau l'ordre d'opérer la séparation indiquée. En conséquence de cet ordre les jointures des bras et des jambes furent coupées, les nerfs se détendirent, et les chevaux achevèrent le reste.....

Les membres et le corps furent ensuite brûlés sur un bûcher. Cette épouvantable exécution ent lieu le 28 mars 1757.

Non loin de l'Hôtel de Ville, et assez près de nous pour que nous puissions lui consacrer la dernière visite de notre quatrième journée, se trouve la tour Saint-Jacques-la-Boucherie. Cette tour, d'architecture gothique, l'un des plus hauts monuments de Paris, faisait partie autrefois de l'église Saint-Jacques-la-Boucherie. Construite de 1508 à 1522, elle a coûté la somme de 1,350 livres, et elle a été rachetée par la ville de Paris, le 27 août 1836, moyennant la somme de 250,100 fr. Elle renferme les cendres du fameux alchimiste Nicolas Flamel, qui dicta lui-même, assure-t-on, son épitaphe :

> De terre suis venu,
> Et de terre retourne.

Retournons-nous à l'Hôtel des Princes? la cloche du dîner ne peut tarder à se faire entendre, et vous savez que le prince des hôtels n'attend pas. . . . .

. . . .

Décidément la table d'hôte de M. Privat est la première de Paris, et le proverbe a raison :
> Bonne renommée
> Vaut mieux que ceinture dorée.

Nous allons ce soir à l'Opéra-comique, mon cher voyageur, spectacle charmant, théâtre ravissant : l'Opéra-comique est l'un de ces rares privilégiés, sans privilége cependant, qui ont pu résister au coup de vent révolutionnaire de Février ; c'est à coup sûr le seul heureux privilégié qui pourrait se passer de la claque, puisque la mode, logique cette fois pour la première fois peut-être de sa vieille vie, ne pouvant se passer de lui, devient claqueur. Allons donc à l'Opéra-comique, nous y verrons le Caïd, et dans le Caïd, madame Ugalde, la rose des grisettes parisiennes transplantées sous le brûlant soleil de l'Afrique, madame Ugalde, le plus ravissant rossignol qui ait jamais gazouillé sous le dôme embaumé des lilas ou sous le ciel harmonieux et étoilé d'un spectacle lyrique. Nous verrons en même temps la fleur des tambours-majors, Herman Léon, double artiste qui serait un excellent peintre, s'il n'était un chanteur inimitable, Herman Léon qui ne peut pas plus se passer de l'Opéra-comique, que l'Opéra-comique ne peut se passer de lui, Herman Léon, que M. Rebillot ferait arrêter demain en compagnie de l'intelligent directeur de l'Opéra-comique, si, par impossible, cet artiste hors ligne, quittant l'Opéra-comique, nous forçait à dresser des barricades de violons, de cors (ne pas confondre avec corps), de cornets à pistons, de haut-bois (ne pas confondre avec le bois dont on fait les flut..., les barricades veux-je dire), des barricades de basses même, qui, sans pouvoir lutter contre la sienne, n'en pourraient pas moins amener de graves désordres dans l'ordre harmonique du plus harmonieux théâtre de Paris.

Herman Léon est le pendant nécessaire, obligé de madame Ugalde, la seule bonne chose peut être qu'ait produite la révolution de Février.

CINQUIÈME JOURNÉE.

Nous commencerons cette journée par la Bourse. . . . .

Cet édice, situé au centre d'une des plus belles places de Paris, située magnifiquement elle-même, occupe un parallélogramme d'environ 71 mètres de longueur sur 49 de largeur qui forme une surface de 3,005 mètres carrés. Sa construction, indépendamment de la valeur de l'emplacement concédé par l'Etat à la ville de Paris, a coûté la somme énorme de 8,149,192 fr.

C'est au célèbre banquier Law qu'on doit en France l'institution de la Bourse. Il l'établit en 1690, sous les auspices du régent rue Quincampoix. L'agiotage alors n'était réglé par aucune loi; ce ne fut que le 24 septembre 1724 que, par décret du conseil du roi, la Bourse reçut une existence officielle et légale. Etablie d'abord au Palais Mazarin, elle en fut expulsée par la révolution. Alors elle se réfugia dans l'église des Petits-Pères, jusqu'au jour où Napoléon, à l'exemple du Christ, dont il rétablissait les autels, chassa les vendeurs du temple. En attendant la construction du Palais qu'on lui promit, elle trouva un refuge provisoire parmi les courtisanes, sous les galeries de bois du Palais-Royal, puis enfin dans une maison de la rue Feydeau, qui fut sa dernière station avant d'arriver à la place où elle fut construite sur les dessins de Brogniard.

Prenons maintenant la rue Vivienne et les boulevarts pour aller voir une des plus intéressantes places de Paris, reléguée dans le Marais. Nous rencontrerons, en passant, la fontaine du Château-d'eau. Cocher, conduisez-bien, nous avons beaucoup à voir aujourd'hui.

Terminée le 15 août 1811, à l'époque de la naissance du roi de Rome, la fontaine du Château-d'eau forme trois socles circulaires et concentriques étayés l'un sur l'autre, et trois bassins en pierre surmontés d'une double coupe en fonte. Du milieu de la coupe supérieure, les eaux s'échappent en un jet abondant, et descendent en nappes les divers étages qui composent la fontaine. Huit lions de bronze vomissent les filets d'eau qui retombent en cascade dans la coupe principale.

Voici la Place Royale si riche de souvenirs !

Elle occupe une partie du terrain sur lequel s'élevait le fameux palais des Tournelles, habité d'abord par Charles VI, roi de France, et par le duc de Bedfort, régent de France pour le roi d'Angleterre. C'est au palais des Tournelles qu'eut lieu, le 23 août 1451, devant le duc Charles d'Orléans, la représentation de la danse macabre exécutée par Guillemin Girost et ses compagnons, au prix de 4 livres 2 sols 6 deniers tournois.

C'est au palais des Tournelles que le roi Louis XII mourut le 1er janvier 1515. Lorsque les *clocheteurs des trépassés*, raconte un chroniqueur du temps, allèrent par les rues avec les clochettes, criant : *Le bon roi Loys, le père du peuple, est mort !* ce fut dans Paris une désolation telle que l'on n'en a jamais vu de semblable à *aucun trépassement de Roy.*

Délaissé quelque temps par François Ier, qui ne s'occupait que du Louvre et de Fontainebleau, le palais des Tournelles retrouva le mouvement avec la vie sous Henri II, qui y ramena des plaisirs terminés bientôt pour lui par un jour de mort.

Ce jour-là, il donnait à la cour un brillant tournoi en l'honneur des dames. Enflammé par les beaux yeux de la belle duchesse de Valentinois, dont il portait les couleurs, le roi descendit dans l'arène pour joûter avec le comte de Montgommery, capitaine de la garde écossaise.

Le choc fut si violent, qu'un des éclats de la lance du comte, brisant la visière du casque royal, atteignit le visage de Henri II, qui fut transporté, sans connaissance, au palais des Tournelles, où il expira le 15 juillet 1559.

En 1604, Henri IV, que nous devons mettre au premier rang des rois jaloux d'embellir leur capitale, fit faire la place que l'on voit aujourd'hui sur l'emplacement du palais des Tournelles, démoli en 1565 par l'ordre de Catherine de Médicis. Plus tard, en 1659, le cardinal Richelieu concourut à son embellissement, en faisant poser solennellement au milieu de cette place la statue équestre de Louis XIII. Cette statue de bronze, posée sur un piédestal de marbre blanc, présentait aux regards l'inscription suivante :

A la glorieuse et immortelle mémoire du très-grand et très-invincible Louis-le-Juste, XIII ᵐᵉ du nom, roi de France et de Navarre. Armand, cardinal et duc de Richelieu, son premier ministre dans tous ses illustres et généreux desseins, comblé d'honneur et de bienfaits par un si bon maître, lui a fait élever cette statue en témoignage de son zèle, de son obéissance et de sa fidélité. 1639.

Cette statue, ouvrage remarquable du célèbre Daniel Ricciarelli, élève de Michel-Ange, et chef-d'œuvre de statuaire, n'a pu trouver grâce devant le marteau vandale de 1793.

A cette époque, la Place-Royale devint le Saint-Germain de la noblesse, la Chaussée-d'Antin des lorettes du dix-septième siècle. La belle Marion de Lorme y demeurait auprès de Ninon de l'Enclos.

Pendant la révolution, la Place-Royale échangea son nom contre celui de place des Vosges, qu'elle a perdu en 1814, pour le reprendre en 1848.

Allons maintenant chercher sur une autre place d'autres souvenirs qui, bien souvent, seront les mêmes; nous sommes au quartier général des insurrections. Voici la place de la Bastille ! Une colonne de bronze, élevée par une émeute, a remplacé un château-fort renversé par une révolution. Hugues Aubriot, prévôt de Paris, posa le 22 avril 1369, sous le règne de Charles V, la première pierre de la Bastille, prison d'état flanquée de cinq tours, renversée le 14 juillet 1789 par la rage populaire.

La colonne de bronze qui l'a remplacée repose sur trois soubassemente de marbre, l'un carré orné de vingt-quatre médaillons en bronze, les deux autres circulaires, superposés, et différents en grandeur. La colonne, proprement dit, se compose d'un piédestal carré, de son fût, du chapiteau, d'un tambour, et de la statue dorée représentant le génie de la liberté. De sa base jusqu'au sommet, elle mesure une hauteur de soixante-quatorze mètres, c'est-à-dire quatre mètres de plus que la colonne de la place Vendôme. Deux cent cinq marches constituent son escalier intérieur.

Un grand nombre de victimes des journées de juillet 1830, de février et de juin 1848, reposent dans les tombes creusées à la base de ce moment. Dieu veuille que la dernière prière de l'illustre martyr, frappé à mort sur cette place, soit exaucée, et que le sang de l'archevêque de Paris soit le dernier versé au champ-clos des guerres civiles !

Puisque nous sommes sur un terrain funèbre, avançons, nous trouverons bientôt au Père Lachaise de frais ombrages, des arbres verts chargés de feuilles, de petits jardins pleins de fleurs, et nous verrons sous les feuilles de ces arbres, au milieu des fleurs de ces jardins, des croix blanches, des inscriptions pieuses, des colonnes de marbre brisées à leur base comme la vie des jeunes filles étiolées à leur printemps ; nous y verrons de jeunes femmes désolées et pleureuses sur des tombes récemment fermées. Nous trouverons sur la pierre sépulcrale, au pied de la croix rédemptoire, le rayon d'espérance qui brille sur le tombeau des élus. Il nous faudrait huit jours pour explorer en détail les merveilles de cette immense Nécropole. Contentons-nous d'offrir l'hommage de notre admiration aux tombes les plus illustres. Commençons par le tombeau d'Héloïse et d'Abeilard, le plus visité, le mieux entouré de fleurs, et toujours couvert de couronnes d'immortelles !... l'amour ne meure point.

Voici le tombeau de Cuvier, le grand naturaliste, celui de M. Baillif de Crussolle, plus loin celui de l'ingénieur Monge. Voici les mausolées de la maréchale Lefebvre, des maréchaux Davoust, Masséna, Suchet ; ceux de la comtesse Demidoff, du général Foy, du grand astronome Laplace, du généreux Desèze, l'illustre défenseur de Louis XVI ; celui de Casimir Périer, etc., etc.

Du cimetière du Père Lachaise nous irons dans une petite rue peu connue, et encore moins fréquentée, qui s'appelle la rue du Petit-Musc. Dans cette rue, il y a une caserne qui occupe une grande partie de l'ancien couvent des Célestins, dont elle a pris le nom. Cette caserne, aujourd'hui l'un des principaux quartiers de la garde républicaine, présente à l'archéologue et à l'historien des souvenirs précieux, qu'un des premiers, peut-être, nous sommes heureux d'avoir recueillis.

Dans un combat acharné contre les infidèles, le roi saint Louis, voyant la victoire indécise, fit vœu de ramener en France six religieux de la Palestine si le Dieu des armées protégeait ses armes. Saint Louis, resté maître du champ de bataille, tint la parole qu'il avait donnée à Dieu : il chosit au Mont-Carmel six pieux cénobites, connus depuis sous le nom de carmes, appelés alors *barrés* en raison de leurs vastes manteaux noirs rayés de blanc, et les fit embarquer avec lui à bord du navire qui devait le ramener dans son royaume.

Quelques jours après son arrivée à Paris, le pieux monarque leur fit don d'un vaste terrain qui faisait partie du *Champ-au-Plâtre*. L'année suivante, ces religieux, résolus d'aller s'établir à la place Maubert, vendirent à un bourgeois de Paris, nommé Jacque Marcel, l'emplacement qu'ils tenaient de la munificence royale.

Cet emplacement était si merveilleusement situé sur les bords de la Seine, que les Parisiens l'avaient choisi pour leurs joyeux rendez-vous des dimanches et des fêtes. Jacques Marcel, voulant augmenter sa fortune, se disposa à profiter des faveurs de la mode pour transformer ses nouvelles propriétés en lieux de plaisirs; mais, d'après les chroniques du temps, Dieu, qui avait miraculeusement protégé saint Louis en Palestine, en décida autrement.

Le riche bourgeois, dit une légende, avait une fille adorée, âgée de dix-sept ans, et belle comme les anges. Cette enfant, ange elle-même par les perfections du cœur et du visage, n'avait encore pour unique passion que celle que procurent, dans les chaudes journées de juin, les plaisirs de la rivière. Aussi la voyait-on chaque soir, alors que le soleil se couchait dans son lit de pourpre et d'or, s'exposer bravement au courant de la Seine dans une petite nacelle que son père lui avait achetée à Rouen.

Un jour, la nacelle rencontrant la queue d'un monstre marin qui avait remonté le fleuve depuis le Havre (la légende n'ose pas affirmer que ce monstre ne fût un dragon moitié poisson moitié oiseau), chavira sous les yeux de Jacques Marcel.

A la vue du danger que courait sa fille tant aimée, l'infortuné père promit à Dieu, s'il sauvait son enfant, de consacrer à son culte les lieux qu'il destinait aux plaisirs mondains. Alors on vit sortir du sein des eaux un magnifique palmier dont les branches libératrices abritèrent la naufragée jusqu'à ce que son ange gardien, déployant ses deux ailes d'azur, se dirigea vers elle et la ramena saine et sauve sur le rivage.

Le jour même, appelant un architecte de renom, et s'entourant d'un grand nombre d'ouvriers, Jacques Marcel, reconnaissant, jeta la première pierre de deux chapelles qu'il dota ensuite chacune de 20 livres de rente amorties. Le 1er janvier 1319, l'évêque de Paris en approuva l'acte de fondation.

Plus tard, Garnier Marcel, fils du riche bourgeois, devenu, par la mort de son père, l'unique héritier de ces deux pieuses fondations, en fit hommage aux Célestins par un contrat en date du 10 décembre 1352.

Touché de la piété de ces religieux, nommés Célestins parce qu'ils avaient été institués par le pape Célestin V, le roi Charles V ordonna la construction d'une nouvelle église, dont il posa la première pierre le 24 mars 1367. La fête de la consécration de cette église fut brillante et solennelle. L'archevêque de Sens, Guillaume de Melun, son consécrateur, lu fit don d'une statue en argent représentant saint Pierre. Le roi présenta à l'offrande une grande croix en vermeil, et la reine une statue de la Vierge également en argent doré, remarquable par la richesse du travail.

Les bienfaits de l'auguste monarque et ceux de sa royale compagne leur valurent le titre de fondateurs de ce saint monument Plus tard, les secrétaires du roi créèrent dans cette église une confrérie, après avoir sollicité et obtenu l'honneur d'en être tous membres.

Dès-lors, les Célestins furent dotés d'immenses priviléges et d'indemnités considérables. Ils étaient exemptés de toutes contributions directes et indirectes, même des taxes auxquelles les autres membres du clergé étaient soumis. Dans des lettres marquées du sceau royal, et datées du 26 septembre 1413,

Charles VI leur octroye une grande quantité, de sel, les appelle « nos bien-aimés chapelains et orateurs en Dieu, les religieux, prieur et couvent de nostre prieuré et monastère de Notre-Dame-des-Célestins de Paris. » Indépendamment de ces faveurs qui leur suscitèrent un grand nombre d'envieux, les Célestins jouissaient d'une charge de secrétaire du roi.

Le cloître des Célestins, l'un des plus beaux de Paris, fut construit en 1539. Ses jardins spacieux et habilement dessinés, s'étendaient le long des murs de l'arsenal. Les Célestins vécurent en paix, dans le silence et la retraite, jusqu'en 1779, époque à laquelle ils furent supprimés. Les Cordeliers les remplacèrent jusqu'au jour où les Célestins rappelés reprirent possession de leur monastère, qu'ils abandonnèrent définitivement en 1790. Leurs maisons devinrent alors un domaine national, et les bâtiments furent affectés à une caserne.

Étrange destinée des choses humaines!

l'épée de fer prit la place de la croix d'or, et le bruit des armes succéda au chant des saints cantiques.

C'est à la caserne des Célestins que l'un de nos meilleurs officiers de cavalerie, le colonel Édouard de Vernon, de retour en France après dix-sept années de combats en Afrique, a consacré ses jours et ses veilles à la réorganisation d'abord, puis à la moralisation de la garde républicaine qui a rendu de si grands services pendant les journées de juin.

Nous voici dans la rue de Charenton; le magnifique établissement des Quinze-Vingts est devant nous, allons visiter l'intérieur de cet hospice fondé par un roi qui fut un héros sur les champs de batailles, et un saint aux yeux de Dieu. C'est en effet Louis IX qui a créé l'hospice des Quinze-Vingts pour abriter trois cents braves chevaliers auxquels les Sarrazins avaient fait crever les yeux.

Dès son origine, cet établissement obtint de nombreux et généreux témoignages de la charité publique. Au XIV° siècle, le nombre des malheureux privés de la vue était si considérable à Paris, que Philippe-le-Bel ordonna en 1309 que les membres de la maison fondée par saint Louis porteraient à l'avenir une fleur de lys sur leurs habits pour être distingués des autres congrégations d'aveugles. Nous sommes trop près de l'abattoir Popincourt pour ne pas le visiter. Cet établissement, l'un des plus considérables de Paris en ce genre, fut bâti en 1810, par Happe et Vautier. Il consiste en 23 corps de bâtiments contenus dans un espace de 220 mètres sur 190; la façade est décorée de deux beaux pavillons où l'administration a établi ses bureaux,

Les seize principaux abattoirs de Paris, fondés par un décret de 1809, ont coûté une somme de 16,518,000 fr. Ces divers abattoirs n'ont été terminés qu'en 1818.

Terminons nos explorations de cette journée par une excursion à trois kilomètres de Paris ; nous y verrons le magnifique château de Vincennes, célèbre par les séjours de quelques rois, et divers épisodes de l'histoire de France. Construit en 1183 par Philippe-Auguste, il servit plus tard de résidence ordinaire au roi saint Louis, qui se plaisait à y rendre la justice sous l'ombrage touffu d'un chêne. Louis XI y abritait ses terreurs, Charles IX et le cardinal Mazarin y moururent, le premier, le 30 mai 1574, le second, en 1661. Louis XV y séjourna la première année de son règne. Depuis lors, le château de Vincennes, changeant de destination, devint une prison inaugurée par la détention du célèbre Mirabeau.

Un jeune héros, le descendant des forts et des vaillants, le duc d'Enghein, arrêté en Allemagne par l'orde de Napoléon, y fut conduit le 20 mars, et fusillé pendant la nuit dans les fossés sud du château.

Entouré de larges fossés, le château de Vincennes a la forme d'un parallélogramme régulier d'une grandeur admirable. La tour du donjon était l'habitation ordinaire des familles royales. Des fossés profonds, revêtus de pierre, en rendaient les abords inaccessibles : on n'y parvenait qu'au moyen d'un pont-levis.

La chapelle, appelée la *Sainte-Chapelle*, fondée en 1373 par Charles V, est d'un gothique parfait. L'intérieur est illustré par les anciens vitraux de Jean Cousin, exécutés d'après les dessins de Raphaël.

— Quelle heure, est-il ?

— Cinq heures.

— Le temps nécessaire pour retrouver la table d'hôte de l'Hôtel des Princes.

— Partons.

. . . .

Nous irons ce soir au Gymnase, autrefois le théâtre de Madame. C'était son beau temps alors ! Scribe inspiré par la fièvre artistique qui brûlait à cette époque la France entière, Scribe était dans toute la verdeur de son génie; il improvisait chaque matin, à son déjeûner, un nouveau chef-d'œuvre qui reflétait chaque soir le radieux regard, le fécond sourire d'une royale princesse dont la généreuse influence servait de soleil à la sève de tous les talents.

Le Gymnase alors, patronné par la duchesse de Berry, était le théâtre à la mode, c'était les *Italiens du Vaudeville*.

SIXIÈME JOURNÉE.

En route cher voyageur ! la journée sera bien remplie, je vous assure : nous n'avons que dix sept stations sur notre programme. Commençons par celle du Jardin des Plantes.

C'est à la sollicitation d'Hérouard, son premier médecin, et de Guy de Labrosse, son médecin ordinaire, que Louis XIII donna des lettres-patentes ordonnant l'établissement d'un jardin qui servît de pépinière aux plantes médicinales. Ce jardin ne contint primitivement que soixante-dix ares ; il en compte aujourd'hui plus de cinq cents, merveilleusement coupés de sentiers ombragés par les arbustes les plus rares, amenés à grands frais de tous les pays. On y admire les fruits, les arbres, les fleurs et les animaux des cinq parties du monde; les serres nouvelles, le palais des singes; galerie circulaire en fer garnie de grillages ; les différentes ménageries, la galerie de botanique ; la galerie de minéralogie, et la galerie d'anatomie, où parmi les crânes conservés des plus fameux assassins, se trouve le squelette de Soliman, l'assassin de Kléber.

Les Tournefort, de Jussieu et Buffon ont attaché leurs noms à l'histoire du Jardin des Plantes, qu'ils ont embelli et augmenté.

Ce jardin, cher aux Parisiens dont il est la propriété, rappelle une histoire touchante qui prouve la vérité de ce vers devenu proverbe :

A tous les cœurs biens nés que la patrie est chère !

Un jeune sauvage était à Paris. Les merveilles de la capitale, ses fêtes de jour, ses bals de nuit n'avaient pu effacer le profond sentiment de tristesse dont le jeune étranger paraissait atteint. Vainement on l'avait promené dans les riches galeries du Louvre, dans les brillants salons des Tuileries, dans les foyers des premiers théâtres, dans les fabuleuses magnificences du palais de Versailles, il était resté froid, impassible devant toutes les merveilles de l'art.

Il allait mourir de chagrin et d'ennui lorsqu'un jour on le conduisit au Jardin des Plantes : c'était un jour de printemps, le ciel était bleu et le soleil brillait au ciel. Tout à coup, la paupière du sauvage se dilate, ses lèvres s'ouvrent à un sourire, son front rayonne, son regard s'illumine, il s'écrie : voilà donc un arbre de mon pays ! et se jetant sur cet arbre, il l'entoure de ses bras, le presse contre sa poitrine, et ne le quitte qu'après avoir obtenu la promesse de revenir le voir le lendemain, tous les jours. . . . . .

Il est sauvé!

Du Jardin des Plantes, replions-nous sur la manufacture royale des Gobelins, notre seconde station. Singulière histoire que celle de cet établissement, dont la renommée européenne est justifiée par la splendide richesse de ses tapisseries de haute et de basse-lice.

On voyait au quinzième siècle, à l'une des extrémités de Paris, sur les rives de la petite rivière de Bièvre, une petite colonie de teinturiers, et parmi ces travailleurs, se trouvait un nommé Jean Gobelin, remarquable par une activité sans autre égale que son habileté. Peu de temps suffit à cet ouvrier pour faire une fortune tellement considérable, que, lorsqu'elle fut encore augmentée par ses descendants, l'un d'eux voulut honorer le nom des Gobelin en le communiquant au quartier, et même à la rivière, source première de son élévation.

Plus tard même un membre de cette riche famille, Antoine Gobelin, oubliant la modestie de son origine plébéienne, aspirant de plus aux honneurs, acheta le titre de marquis de Brinvilliers, et épousa en 1651 Marie-Marguerite d'Aubray, fille du lieutenant civil de Paris. On connaît la fin de cette femme célèbre par ses débauches, ses empoisonnements, et sa mort sur le bûcher de la place de Grève.

Après avoir passé entre différentes mains, la manufacture des Gobelins devint tellement puissante, qu'elle attira les regards de Louis XIV, qui, sur la proposition du grand Colbert, en fit une manufacture royale, dont il confia la direction au célèbre peintre Lebrun.

Depuis, la manufacture des Gobelins, sans rivale au monde, enfanta d'innombrables chefs-d'œuvre.

Nous allons voir maintenant l'un des plus anciens monuments de Paris, l'église de *Saint-Etienne-du-Mont*, construite en 1221. Marguerite de Valois en a fait faire le portail en 1610. L'ensemble de ce pieux édifice offre un heureux mélange des styles gothique et renaissance. On ne peut rien voir de plus élégant et en même temps de plus hardi que les voûtes ogivales de la nef et les bas-côtés; rien de plus magnifique que le jubé et la chaire à prêcher !

Nous devons admirer également les vitraux, pour la plupart chefs-d'œuvre de Nicolas Pinaigrier, le célèbre verrier du seizième siècle. Ils représentent le jugement dernier.

Parmi les illustres tombes qui enrichissent Saint-Etienne-du-Mont, le recueillement découvre celles d'Eustache Lesueur, le grand maître de l'école française, de Blaise Pascal, l'auteur des *Lettres Provinciales*, de Jean Racine, mort en 1699, de Tournefort, le prince des naturalistes, de Fréron, le célèbre et spirituel critique, enfin celle de Riquetti de Mirabeau.

Allons chercher d'autres tombes et d'autres merveilles au Panthéon. Clovis, premier roi chrétien et le privilégié, vainqueur à Tolbiac, fonda sur les instances de Clotilde, la reine, et de Geneviève, la sainte, une église qui fut consacrée par saint Rémy, en l'honneur des apôtres saint Pierre et saint Paul, vers l'année 507. Sainte Geneviève, décédée le 3 janvier 512, fut inhumée dans la chapelle souterraine de cette église, où elle devait un jour recevoir avec les honneurs saints de la canonisation, le glorieux titre de patronne de Paris.

Cette église tombait en ruines, lorsque Louis XV, pour accomplir un vœu qu'il avait fait pendant sa maladie à Metz, la remplaça par l'incomparable édifice que nous admirons en ce moment.

Ce fut l'architecte Soufflot qui présenta les dessins de ce monument, dont le roi vint en grande pompe poser la premiere pierre, le 6 septembre 1764.

Le portique est composé de vingt-deux colonnes d'ordre corinthien qui ont vingt mètres de hauteur et deux mètres de diamètre.

Elles supportent un fronton dont la longueur est d'environ trente-trois mètres de largeur sur sept de hauteur. Le sculpteur David, chargé de la décoration du tympan de ce fronton, a représenté la France distribuant des palmes et des couronnes à ses grands hommes. On remarque sur le côté droit : Fénelon, Malesherbes, Mirabeau, Voltaire, Rousseau, Lafayette, Carnot, Manuel, Monge, le peintre David, Bichat, etc., etc..... Sur l'autre côté on remarque la grande figure de Napoléon, entouré des soldats de la République et de l'Empire. *L'Histoire et la Liberté*, aux pieds de la France, inscrivent les noms des grands hommes. On lit sur la frise l'inscription suivante :

Aux grands hommes
La patrie reconnaissante !

Sous la nef du fond se trouve une église souterraine où nous rencontrerons un magnifique écho, et tout auprès quelques tombeaux peu remarquables comme objets d'art, mais immenses par les dépouilles qu'ils contiennent.

De la nécropole du Panthéon, transportons-nous à celle des Catacombes créée par le lieutenant-général de police Lenoir. Les Catacombes de Paris ont trois entrées : la première au pavillon occidental de la barrière d'Enfer, la seconde à la tombe Issoire, et la troisième dans la plaine de Mont-Souris. Les ossements des cinquante générations qu'elles ont englouties sont rangés et empilés avec ordre entre les piliers qui supportent les voûtes de cette nécropole. Trois cordons de tête forment la singulière corniche de ces lugubres murailles, et des inscriptions indiquent les cimetières d'où ces dépouilles osseuses ont été extraites pour former la ville des morts sous la ville des vivants.

Nous trouvons à présent sur notre chemin l'Abbaye du Val-de-Grâce, converti par Napoléon en un hôpital militaire pouvant contenir mille lits.

Cette Abbaye a été fondée par la reine Anne d'Autriche pour rendre grâce à Dieu de la naissance inespérée de Louis XIV. Cet enfant qui devait devenir le plus grand roi de l'Europe, en posa la première pierre le 1er avril 1645. Les travaux, interrompus longtemps par les troubles de la Fronde, ne reprirent qu'en 1655, sous la direction de Gabriel Leduc. Le célèbre Mignard en a peint le dôme, qui est le plus haut et le plus important de Paris après ceux des Invalides et du Panthéon.

Cocher, conduisez-nous au Luxembourg.

En 1612, une princesse qui, du beau ciel de la Toscane avait été transplantée sous le ciel nuageux de Paris, Marie de Médicis, régente de France, et veuve d'Henri IV, acheta, au prix de 90,000 livres, un hôtel situé à l'extrémité de la rue Vaugirard, et acquis en 1560 par le duc Harlay de Luxembourg, qui lui donna son nom. Après l'avoir agrandi d'une ferme nommée le *Pressoir de l'Hôtel-Dieu*, elle le remplaça par le palais qui existe aujourd'hui. On y remarque une parfaite symétrie des proportions, qui font honneur aux dessins de Jacques Desbrosses, et les trois ordonnances suivantes :

L'une toscane, au rez-de-chaussée.

L'autre dorique, au premier étage.

Et la troisième ionique, au second étage.

Deux pavillons élégants décorent l'extrémité de chaque façade. Un corps avancé, orné de colonnes, forme le centre. L'aile occidentale possède le magnifique escalier qui conduit à la Chambre des Pairs. Cet escalier, composé de quarante-huit marches, est éclairé par dix vastes croisées. De la salle des séances, qui est considérablement agrandie, on pénètre dans la salle du trône, dont les ornements sont irréprochables.

Marie de Médicis séjourna peu de temps au palais du Luxembourg, qu'elle légua à son second fils, Gaston, duc d'Orléans. Après avoir changé de maître, ce palais, demeure princière du comte de Provence, sous Louis XVI, maison d'arrêt sous la République, recouvra une partie de sa splendeur en 1795, sous le Directoire, dont il devint le palais. Palais du Consulat, peu de temps après, il changea ce nom contre celui de Palais du Sénat conservateur, dénomination qu'il conserva pendant le règne de Napoléon jusqu'en 1814, époque à laquelle une nouvelle légende placée au-dessus de la principale porte, annonçait que le Luxembourg devenait le palais de la Chambre des Pairs.

Depuis, le Luxembourg passant par une nuit de carnaval du grave au plaisant, et du sévère au comique, se trouva tout étonné d'être occupé par une commission de farceurs et de Lucullus affamés, se vengeant de longs jours de jeûne sur les fameux filets de chevreuil à la purée d'ananas.

Le Petit-Luxembourg qui l'avoisine, a été construit vers l'an 1629 par le cardinal Richelieu, qui l'habita tandis qu'on lui bâtissait le Palais-Cardinal que nous avons visité. Siége du gouvernement directorial, le Petit-Luxembourg serait aujourd'hui celui de l'honorable M. Boulay de la Meurthe, vice-président de la République, si l'égoïste parcimonie de ses collègues à l'Assemblée nationale ne l'eût forcé de renoncer aux dépenses de la vie officielle et publique.

Le jardin du Luxembourg, magnifiquement orné de statues, et ouvert aux promeneurs par neuf entrées principales, est l'un des plus vastes et l'un des plus beaux jardins des résidences royales de l'Europe. C'est à la fin de 1795 que l'on traça l'incomparable avenue qui relie le Luxembourg à l'Observatoire, où nous irons maintenant, si vous le voulez bien, cher voyageur.

Construit en 1667 par ordre de Colbert, sous la conduite de Claude Perrault, à qui l'on doit la magnifique colonnade du Louvre, l'Observatoire est encore un des mille rayons du brillant soleil de Louis XIV, qui a tant fertilisé le sol de la patrie. Aucune époque de l'histoire de France n'est comparable à ce grand siècle, où le génie transformé sous toutes les espèces, a fécondé le germe de tous les genres de supériorité.

L'Observatoire a la forme d'un rectangle dont les quatre façades correspondent aux points cardinaux du monde. Deux pavillons octogones, en forme de tours, ornent les angles de la façade méridionale. Une troisième tour carrée occupe le centre de la façade du nord, où se trouve l'entrée. La bibliothèque de l'Observatoire est riche en livres d'astronomie.

En revenant sur nos pas, nous trouvons l'Odéon, second Théâtre Français, construit en 1779 sur les dessins de de Vailly, incendié en 1797, reconstruit en 1807, incendié en 1818, et restauré en 1820. La principale façade de ce monument est ornée d'un portique de huit colonnes d'ordre dorique; de magnifiques galeries présentant quarante-six arcades ouvertes circulent autour de l'édifice. La salle de ce théâtre, grande, belle, supérieurement disposée, et dans laquelle on arrive par deux beaux escaliers en pierres, contient 1650 personnes.

Une des plus remarquables églises de Paris est voisine de l'Odéon; l'origine de Saint-Sulpice, l'époque de sa fondation, ont donné lieu à de nombreuses dissertations. Quelques écrivains font remonter sa création aux rois de la seconde race, d'autres la mettent au rang des paroisses les plus modernes de Paris, et nous nous rangeons volontiers du côté de ceux-ci. Nous trouvons en effet que la régente du royaume, Anne d'Autriche, posa la première pierre de cette église le 20 janvier 1646. La date est précise et ne peut laisser aucun doute. La construction, commencée sur les dessins de Christophe Gumart, qui fut remplacé bientôt par Louis Leveau, passa à la mort de celui-ci dans les mains de Daniel Gittard. Arrêtés quelque temps par les dettes de la fabrique, les travaux chômèrent de 1678 à 1718, époque à laquelle ils furent repris par le zèle du curé de la paroisse, M. Longuet de Gergy.

Le portail, élevé d'après les dessins de Servandoni, fut terminé en 1745, et le 30 juin de la même année l'église fut consacrée et dédiée sous l'invocation de la sainte Vierge, de Saint-Pierre et de Saint-Sulpice. Aux deux extrémités de ce portail, qui mesure 118 mètres de longueur, s'élèvent deux corps de bâtiments servant de base à deux tours qui mesurent 70 mètres d'élévation, c'est-à-dire

3 mètres de plus que les tours de Notre-Dame.

L'intérieur de ce saint monument est d'un grand et noble aspect. Le chœur, construit sur les dessins de Gittard, est entouré de sept arcades dont les pieds-droits sont ornés de pilastres corinthiens. La première pierre de l'autel principal fut posée le 21 août 1732, par le nonce, au nom du pape Clément XIII.

La chapelle de la Vierge mérite notre attention par l'exécution de la statue, et la manière dont le magnifique dôme l'éclaire.

Deux coquilles offertes par la république de Venise à François Ire forment les deux beaux bénitiers qu'on admirent à l'entrée de cette immense basilique.

Profanée en 1793, Saint-Sulpice subit le nom de Temple de la Victoire. Les théophilanthropes du directoire y tinrent leurs séances sous la présidence de La Reveillière-Lepaux, leur souverain pontife. Enfin, le 9 novembre 1799, le général Bonaparte assista à un grand banquet qui lui fut offert.

L'église de Saint-Germain-des-Prés, que nous rencontrons maintenant sur notre route, ne laisse aucun doute sur son origine, suffisamment indiquée par le nom qu'elle porte.

Childebert, fils de Clovis, la fit élever sur un vaste espace occupé à cette époque par des prés et des pâturages. Commencée au sixième siècle, elle ne fut cependant entièrement terminée qu'en 1163. Longtemps abbaye avant d'être paroisse, Saint-Germain-des-Prés fournirait matière à une histoire dont les documents épars réuniraient un immense intérêt. Les querelles des clercs et des abbés de Saint-Germain fourniraient de curieux détails. Ces querelles dégénéraient parfois en véritables batailles rangées comme celle de 1278, le douzième jour du mois de mai, où les écoliers de l'Université, battus par l'abbé Gérard de Moret, perdirent plus de soixante combattants, laissés pour morts sur le Pré-aux-Clercs.

Descartes, Mabillon, Montfaucon et Casimir, roi de Pologne, reposent dans l'église de Saint-Germain-des-Prés.

Donnons un coup-d'œil en passant à l'église antique de Saint-Séverin. Petit oratoire dans le principe, Saint-Séverin, construit en 1210 tel que nous le voyons aujourd'hui, se compose d'une aile et d'un chœur avec double aile. La première opération chirurgicale de la pierre s'est faite pour la première fois, au mois de janvier 1495, dans le cimetière de l'église de Saint-Severin.

Cet essai se pratiqua publiquement sur la personne d'un franc-archer qui, condamné à être pendu, se résigna à cette douloureuse épreuve, de laquelle, en cas de succès, dépendait sa grâce. Un chroniqueur de ce temps-là rend ainsi compte de l'opération : « Après » qu'on l'eut examiné et travaillé, on remit » les entrailles dans le corps du franc-archer; » il fut guéri en quinze jours, et reçut, sui- » vant promesse, la rémission de ses crimes. »

Avant de quitter la zône où nous sommes, nous devons une visite au bel hôtel de Cluny.

La construction de cet hôtel, commencée par Jean de Bourbon, abbé de Cluny, et fils naturel de Jean Ier, duc de Bourbon, interrompue par sa mort, ne fut reprise qu'en 1490, par Jacques d'Amboise. Le mélange de style qu'on remarque dans les diverses parties de ce monument, lui imprime parfaitement la couleur de l'époque transitoire qui a présidé à sa création.

La façade de l'hôtel, son escalier d'honneur, les ogives de ses fenêtres, la dentelure de ses toits, forment un ensemble des plus pittoresques.

Les chambres de François Ier, d'Henri IV, de la reine Blanche; le salon, la galerie, la salle à manger, etc., méritent notre attention, autant par les souvenirs qu'ils rappellent que par l'excentricité de l'architecture. Mais la partie la plus remarquable de cet édifice, est sans contredit la chapelle. Notre visite à l'hôtel de Cluny nous aura parfaitement disposé à notre station projetée à l'école des Beaux-Arts.

Marguerite de Valois, première femme d'Henri IV, menacée de mort dans son château d'Usson, en Auvergne, fit vœu à Dieu, s'il la délivrait de ce péril, de fonder un monastère. Ce vœu parut sans doute agréable à Dieu, puisqu'il fournit à la royale princesse l'occasion de remplir sa promesse. Le vœu du château d'Usson fut la première pierre du couvent des Petits-Augustins, qui, changeant de destination en 1790, servit à recueillir les dépouilles ou les débris des monuments frappés par le fatal niveau de la révolution. Une commission, composée de savants et d'artistes, fut créée pour sauver les épaves de cet immense naufrage, et les abriter dans les bâtiments des Petits-Augustins. Alexandre Lenoir en fut nommé conservateur le 4 janvier 1791. Sous la puissante direction de cet artiste, le couvent de Marguerite de Valois se transforma en *Musée français*, le 1er septembre 1795, et le public admira avec reconnaissance quatre cents monuments de la monarchie française, parfaitement restaurés, sinon intacts.

La suppression de ce musée fut décidée en 1815, et les tombes royales reprirent le chemin de Saint-Denis. Un an plus tard, une ordonnance royale du 24 avril, décréta qu'il serait établi dans l'emplacement du Musée des Augustins une école royale des Beaux-Arts. Mais ce ne fut que le 3 mai 1820 que le ministre de l'intérieur vint poser, en grande pompe, la première pierre de l'édifice rectangulaire que nous visitons en ce moment.

N'oublions pas l'hôtel de la Monnaie, magnifique édifice dont l'abbé Terray a jeté la première pierre le 30 mai 1771. Cent-vingt mètres de longueur forment la façade du côté de la rivière. Un attique, qui à l'aplomb des fenêtres offre des tables renfoncées ornées de festons, décore de six colonnes ioniques le devant de l'avant-corps. Six statues, représentant la Paix, le Commerce, la Prudence, la Loi, la Force et l'Abondance, sont placées à l'aplomb des colonnes. L'avant-corps a trois arcades, dont celle du milieu constitue la principale entrée de l'édifice. Vingt-quatre colonnes doriques cannelées décorent le vestibule, qui se distribue en trois galeries. Un escalier sur la droite conduit aux salles destinées au service et aux officiers de la fabrication. Parmi ces salles, il en est une magnifique, soutenue par vingt colonnes d'ordre corinthien en stuc. L'intérieur de l'hôtel contient huit cours qui donnent une idée de l'immensité de l'édifice, qui renferme entre autres merveilles, la salle du balancier, la fonderie, la salle des laminoirs, la salle de recuit, la salle des ajusteurs, la salle à blanchir, la salle d'impression, et le musée monétaire. Cette partie du monument renferme la plus intéressante collection de la capitale, et l'unique au monde.

Plus qu'une station à l'Institut, et notre journée sera complète.

Le palais de l'Institut, fondé en 1661 par le cardinal de Mazarin pour l'éducation et l'entretien de soixante jeunes gentilshommes des pays de Pignerol, de l'Alsace, de Flandre et de Roussillon, récemment conquis et réunis à la France par Louis XIV, s'appela d'abord, pour cette raison, *Palais des Quatre-Nations.*

Les assemblées solennelles des quarante immortels se tiennent dans ce palais, que décorent à l'intérieur les statues en marbre des hommes qui ont le plus honoré la France par leur intelligence : d'Alembert, Corneille, La Fontaine, Molé, Molière, Montaigne, Montansier, Montesquieu, Pascal, Poussin, Racine et Rollin.

Maintenant, à l'Hôtel des Princes... Allez, cocher.

— A quel théâtre irons-nous ce soir?
— Au Théâtre-Historique.

SEPTIÈME JOURNÉE.

Vous devez apprécier, aujourd'hui, cher voyageur, que nous touchons au terme de notre exploration *intra muros*, l'avantage d'un itinéraire parfaitement dressé d'avance, et celui non moins précieux d'un hôtel central, comme celui du prince des hôtels.. Il est huit heures!... Déjeûnons et partons. Cocher! à Saint-Thomas-d'Aquin!

Cette église, la paroisse élégante des fidèles titrés du noble faubourg, est célèbre encore par ses confréries et le choix ordinaire de ses prédicateurs. Fondée par le cardinal Richelieu, elle a été commencée, en 1683, sur les dessins de Pierre Bullet. Elle est voisine du beau Musée d'Artillerie, la plus intéressante collection d'armes qui existerait en Europe, sans la galerie des armures du château royal de Turin.

Ce riche établissement, fondé en 1794, a commencé son catalogue par les armes rares et curieuses trouvées dans les maisons des émigrés, et dans quelques dépôts établis pendant la Révolution. Il se divise en cinq grandes galeries. Les anciennes armes défensives, boucliers, casques, cottes de maille, etc., occupent la première. Les quatre autres conservent les collections d'armes offensives, les modèles de tous les systèmes appliqués à l'artillerie, et une grande quantité d'autres modèles d'armes de toute espèce. On admire dans la principale des mannequins revêtus des armes qui ont appartenu à d'illustres personnages. On remarque entre autres celles du connétable Anne de Montmorency, du grand Condé, d'Henri IV, de Turenne, de Jeanne d'Arc, de Frédéric V, de Crillon, du maréchal de Biron et du duc de Mayenne, le chef de la Ligue.... Poursuivons.... En attendant le spectacle de ce soir, voulez-vous assister à une des plus curieuses comédies qui se donnent gratis en plein jour? — Volontiers. — Eh bien entrons un instant à l'Assemblée nationale. — Quel tapage! quel vacarme, grand Dieu! où sommes-nous donc? dans une école sans maître, dans une halle sans *Tyroliens-Caussidière*, dans un marché sans municipal. Et tous ces comédiens-là sont payés vingt-cinq francs par jour! J'aime mieux Debureau, il est plus amusant et moins cher!

Du Palais-Bourbon qui, depuis 1828, a servi

aux représentations des députés de tous les systèmes, à l'Hôtel royal des Invalides qui, depuis 1673, a abrité les gloires mutilées de notre histoire militaire, il n'y a qu'un pas.

La pensée première d'un hôtel consacré aux braves mutilés au service de la patrie, appartient à Henri IV. Elle fut exécutée sur une vaste échelle par Louis XIV. Les dessins des bâtiments et de la chapelle, qu'il fit bâtir à ce sujet, sont dûs à Libéral Bruant. Le célèbre Mansard revendique avec raison l'honneur de ceux du dôme.

Nous ne connaissons rien de plus majestueux que les jardins, la cour principale, et le portail de l'église de l'Hôtel royal des Invalides.

Quatre autres cours qui se trouvent à droite et à gauche de la cour royale, ont chacune 46 mètres de longueur et 36 de largeur; la façade principale, gardée par de magnifiques pièces de canon prises à l'ennemi, présente une largeur de 200 mètres. Deux églises se trouvent à l'Hôtel-des-Invalides, et ne sont séparées que par une arcade qui leur sert de communication. On voyait, il y a peu de temps encore, dans la première 960 drapeaux conquis sur les champs de bataille ; il n'en reste que quelques-uns. On voit dans la seconde les tombeaux de Vauban, de Turenne, et la chapelle où va s'élever celui qui doit remplacer la tombe de Ste-Hélène.

L'intérieur de l'église est excessivement remarquable par la magnificence de son pavé en marbre et en mosaïque, par son dôme soutenu par huit arcades et formant trois coupoles, par ses riches peintures et par ses chapelles.

Les bâtiments qui entourent la cour renferment les cuisines et les réfectoires, contigus aux galeries du rez-de-chaussée. Chacun de ceux-ci mesure 50 mètres de longueur sur 9 de largeur. Ceux qui regardent la plaine de Grenelle sont réservés aux officiers supérieurs et à quelques officiers subalternes, les autres sont occupés par les sous-officiers et les soldats. Les principales batailles livrées sous le règne de Louis XIV sont peintes sur les murailles. Les dortoirs, les pharmacies, la bibliothèque composée de 20,000 volumes, méritent d'être visitées, ainsi que les petits jardins, cultivées par les mains de nos modernes Cincinnatus.

Le Champ-de-Mars, près l'Hôtel-des-Invalides, serait un rapprochement heureux, si les sinistres souvenirs qu'il rappelle, ne jetaient un voile sombre sur les pensées du cœur. Le Champ-de-Mars a été bien souvent le champ de la révolution. C'est au Champ-de-Mars que parut un jour le brillant arc-en-ciel de la Fraternité, mais un seul jour, car les luttes succédèrent bien vite à la célèbre Fédération du 14 juillet 1790. C'est au Champ-de-Mars qu'eut lieu le 17 septembre de la même année, les fêtes funèbres relatives aux massacres de Nancy et à la mort du jeune Desilles. Au Champ-de-Mars les révolutionnaires célébrèrent, le 30 frimaire an II, une fête civique en l'honneur de Chalier, le Marat du midi, qui venait d'avoir la tête tranchée à Lyon.

Plus tard, le 11 novembre 1793, Bailly, l'ancien maire de Paris y fut exécuté près les bords de la Seine : — Tu trembles, lui dirent ses bourreaux? — Oui, répondit-il, mais c'est de froid. Le 8 juin 1794, on y célébra la fameuse fête de l'Être-suprême. Le 10 novembre 1804, Napoléon, couronné empereur, s'y rendit pour recevoir le serment de fidélité et d'obéissance des députations de toute l'armée et des représentations de toutes les provinces. Louis-Philippe y distribua des cocardes tricolores aux gardes nationaux. Un grand nombre de personnes y furent étouffées pendant les fêtes qui s'y célébrèrent à l'époque du mariage du duc d'Orléans, son fils. Les ateliers nationaux y établirent, en 1848, leurs jeux de bouchons, après avoir dressé le mémorable poteau où l'on lisait en gros caractères :

Sous peine de mort, il est défendu de suer en travaillant.

Par un édit royal de 1751, Louis XV, ordonna, pour l'éducation gratuite de cinq cents jeunes gentilshommes pauvres, le somptueux monument qu'on admire à l'une des extrémités du Champ-de-Mars. Le produit des droits prélevés sur les cartes à jouer, le bénéfice d'une loterie, et les revenus de l'abbaye de Saint-Jean de Laon, furent les seules ressources financières qui servirent aux frais de cet établissement, l'un des plus beaux monuments de la capitale. Commencé en 1752, d'après les dessins de Gabriel, l'École-Militaire a deux entrées : l'une au midi, fermée par une grille de fer, l'autre, d'une architecture plus riche, est ouverte sur le Champ-de-Mars.

La principale est tournée vers la place Fontenoy, et présente deux cours entourées de bâtiments Le bâtiment de la seconde nous offre une galerie de colonnes doriques. Le corps principal de ces bâtiments, que l'on pourrait considérer comme le centre, se compose d'un portique d'ordre corinthien couronné d'un fronton.

La chapelle de l'École-Militaire est d'une

magnificence telle qu'elle peut rivaliser en somptuosité avec celle de Versailles. Supprimée en 1788, l'École-Militaire déversa ses élèves dans les régiments et les divers colléges militaires, et servit de caserne pendant toute la durée de la révolution. L'Empire et la Restauration y casernèrent des régiments de la garde; quatre mille hommes, tant infanterie que cavalerie légère, y tiennent aujourd'hui garnison.

Nous sommes trop près de l'abattoir de Grenelle pour ne point visiter le célèbre puits artésien de ce nom. Les travaux de ce puits, commencés le 1er janvier 1834 sous la direction de M. Louis Mulot, fils aîné de l'entrepreneur, furent couronnés du plus heureux succès obtenu par d'immenses difficultés, le 26 février 1841. Sur les deux heures de ce jour-là, l'eau jaillit avec une abondance qui constata le plus magnifique résultat qu'on ait jamais obtenu dans le forage des puits artésiens. Ce puits jette un véritable torrent d'eau, qui donne 3 mètres cubes par minute,

180 mètres par heure, 4,320 mètres par jour; il mesure une profondeur de 547 mètres, dont 539 sont nouvellement tubés en tôle galvanisée très-forte.

Le ciel est si bleu et le temps est si beau, que nous reviendrons par les Champs-Élysées, où nous avons encore bien des choses à voir. Voici le Château-des-Fleurs, la ravissante villa de la famille, l'Eden des petits enfants blonds et roses, leur paradis, les jeudis surtout et les dimanches, qui sont les jours de leurs kermesses. Le Château-des-Fleurs, le rendez-vous de la bonne société qui vient chaque soir chercher sous les frais ombrages, et à travers les brises embaumées, l'ombre harmonieuse des Italiens évoquée par l'habile chef d'orchestre M. Thys. En effet, tout l'orchestre des Italiens, sous la direction de M. Thys, s'est réfugié sous les bosquets du Château-des-Fleurs.

Voilà le jardin Mabile dans l'allée des Veuves ; c'est sous les délicieux ombrages de ces bosquets que se donnent quatre fois par semaine les plus jolis bals champêtres des Champs-Élysées; grandes illuminations, délicieuses musiques, fraîches toilettes, ravissants visages de jeunes femmes, disposent parfaitement à applaudir les grâces des Mogador, Frisette, Rose-Pompon, Rigolette, marionnettes panachées, et les excentricités de Tortillard et de Brididi. Parmi les différentes célébrités de la danse tolérée par les tyroliens inventés à l'ex-préfecture de police du citoyen Caussidière, on remarque Chicard, le célèbre fondateur des bals de joyeuse et folle vie.

Le Châlet, délicieuse villa, ravissante retraite pleine d'ombrages, de parfums et d'harmonies, se trouve également aux Champs-Élysées, à la porte de Paris. Tout le confort parisien se trouve réuni dans les jardins du Châlet; salons de lecture, cafés, restaurants, salles de jeu, laiterie suisse, lait exquis, ballon, locomotive aérienne, théâtre lyrique, brillants concerts, font du Châlet un véritable paradis sans fruit du mal et serpent pour tenter les jolies filles d'Ève qui le fréquentent.

Plus loin, au bois de Boulogne, nous rentrons sur les domaines de Therpsicore, conviant au bal du Ranelagh l'élite de la société parisienne, qui se rend chaque année, avec *un nouveau plaisir*, à cette aimable invitation. Ce n'est pas étonnant, Therpsicore en faveur du Ranelagh, a fait avec la mode un traité d'éternelle alliance signé par le plaisir, et contresigné par le bon goût.

Il y a beaucoup de bals publics à Paris où la liberté de la jeunesse règne pour ainsi dire d'une manière absolue; royauté qui parfois se fait démocrate. Il y a des bals de jour et des bals de nuit, des bals d'hiver et des bals d'été; il y a des bals de toutes les saisons. L'hiver danse en paletot et en fourrures au bal Montesquieu, au Prado, au Salon de Mars, à Valentino; l'été polke en gaze légère à la barrière du Montparnasse, à la Chartreuse; il fait damner les sergents de ville à la Chaumière, il ceint une couronne de flammes et de fleurs au Château-Rouge. — Château-Rouge, le palais champêtre des illuminations, des feux d'artifice! Château-Rouge, le rendez-vous privilégié des femmes superstitieuses et des diseurs de bonne aventure!

N'oublions pas les bals d'Enghien qui vont trouver un nouveau succès dans l'excellente acquisition qu'ils viennent de faire en la personne de M. Markoski, le célèbre professeur de danse, le roi des valses, polka, redova et mazurka. Sous l'habile direction de ce grand maître, les bals d'Enghien attireront tout Paris, surtout lorsque Paris saura que M. Markoski a créé, dans le parc, un lac de bitume qui procure en été aux patineurs les plus doux plaisirs de l'hiver.

— Quelle heure avons-nous?
— Cinq heures et demie.

Hâtons-nous de regagner notre hôtel; l'air des Champs-Élysées est apéritif, et je crains de ne trouver place à la table de l'hôtel des Princes. En avant, cocher! et presto...

Voilà donc la dernière soirée que nous

passons ensemble, cher voyageur; à quel théâtre l'accorderons-nous? il y en a beaucoup encore que nous n'avons point visités.

— A quel théâtre, cher cicérone, joue Dejazet? Dejazet, la spirituelle artiste, l'excellente camarade, la bonne fille, comme on l'appelle.

— Aux Variétés.

— Nous irons donc aux Variétés la voir et l'applaudir, et lui jeter au besoin des fleurs.

. . . .

Il est onze heures, notre semaine explorative est expirée. Nous avons parcouru tout Paris dans son ensemble et dans presque tous ses détails. Nous terminerons notre voyage à l'Hôtel des Princes, notre quartier général; mais, auparavant, permettez-moi, cher voyageur, de vous conduire à la rue Royale, n° 23, et de vous offrir des glaces chez M. Roux, le premier glacier de Paris. Un étranger ne peut quitter la capitale de la France sans avoir fait une visite à ses beaux salons, et rendu hommage à l'excellence de ses granits et sorbets.

Allons encore, puisque nous sommes dans le voisinage, allons goûter les excellents gâteaux de la jolie madame Lesserteur, rue Saint-Honoré, 390. Cette maison, située en face de l'Assomption, mérite, par le choix de ses objets de consommation, le rang qu'elle occupe en toute première ligne parmi les premières maisons de pâtissiers-traiteurs.

Rentrons vite à l'Hôtel des Princes, le souper de l'adieu nous y attend... Il y a de la lumière au numéro 1 ; le prince des hôtels n'est point encore couché, enlevons-le ; notre souper final ne serait point complet sans lui... Maintenant, cher voyageur, à notre santé réciproque, buvons ! Donnez-moi votre main, voici la mienne. Echangeons dans cette cordiale pression le gage d'un souvenir que je désire et sollicite en écrivant à la fin de la dernière page de ce livre, le nom de votre nouvel ami.

Alphonse BALLEYDIER.

CONCLUSION.

La première colonne expéditionnaire est de retour à Londres; elle a dit à l'Angleterre tout ce qu'elle a rencontré d'affection et de sympathies en France, et l'Angleterre, reconnaissante, propose une seconde expédition qui trouvera, dans notre beau pays, le même accueil, la même fraternité.

Nos frères des côtes françaises, plus rapprochés de nos amis de la Grande-Bretagne, iront avant nous sans doute ajouter un nouvel anneau à la chaîne d'amour qui doit unir les deux grandes nations... ils seront les bien reçus...; déjà même leurs appartements sont prêts à Leicester square, dans les beaux hôtels Sablonière, n° 30, et de Provence, n° 18. Nous recommandons avec d'autant plus d'empressement ces deux hôtels, qu'ils appartiennent à un homme d'esprit et de cœur qui a joué un grand rôle dans la première visite des Anglais à la France, et qu'ils offrent à nos compatriotes tout le confort des meilleurs hôtels français

On trouve dans ces deux hôtels, outre une complaisance sans égale et une grande discrétion dans les prix, les facilités de bien voir la capitale de l'Angleterre, et une excellente table à la française, assaisonnée des meilleurs vins de France.

Nous avons dit que M. Nind était un homme d'esprit et de cœur; nous en trouvons la preuve dans les deux lettres que, dès son retour à Londres, il écrivit en qualité de secrétaire du comité de surveillance, l'une au maire, et l'autre au sous-préfet de Boulogne. Nous les reproduirons dans une nouvelle et prochaine édition.

FIN.

TABLE.

INTRODUCTION.

Première lettre. — Regard rétrospectif. — Arrivée à Calais. — Bonne réception. — Un toste. — Deuxième lettre. — Le Rappel. — Entrée officielle. — Arcs de Triomphe. — Revue. — Bataillon carré. — Bénédiction du drapeau. — L'architecte Horeau. — Eustache de Saint-Pierre. — Triste épisode. — Troisième lettre. — Promenades en mer. — Collation monstre — Spectacle. — Bals. — Concerts. — Départ pour l'Angleterre. — Quatrième lettre. — Débarquement à Douvres. — Visite au lord-maire. — Dejeûner improvisé. — Généreux tostes. — Départ pour Londres. — Arrivée. — Etonnement. — Une taverne. — Le capitaine Gonnet. — Brillant accueil. — Chaleureuses paroles — Bivouac. — Curieux tableau. — Cinquième lettre. — Le peuple Anglais. — Sixième lettre. — Exploration à travers Londres. — La tour de Londres. — Deux soldats de Waterloo. — Réception du lord-maire. — Visite des monuments publics. — Le casino. — Danses à l'usage des étudiants exécutées à Londres. — Diner et réception chez le duc de Sommerset. — Septième Lettre. — Retour en France.

PREMIÈRE PARTIE.

CHAPITRE PREMIER.

Appréciation du caractère anglais. — La philosophie des visites internationales. — Projet de voyage en France. — MM. Philippe Nind et Joseph Crisp l'organisent. — Comité de surveillance. — Mesures préliminaires. — Carte magique. — Départ de Londres. — Arrivée à Boulogne. — Brillante réception. — Le vin d'honneur. — Arrivée à Amiens. — Buffet d'honneur. — Voyage en chemin de fer. — Causeries. — Paris visité à vol d'oiseau. — Conseils. — L'Hôtel des Princes. — Le prince des hôtels. — Revue fashionable. — Paris.

CHAPITRE II.

Arrivée à Paris. — Première disposition. — Installation. — Délégués de la ville de Woodbridge. — Bel aspect de l'Hôtel des Princes. — Emplois de la journée. — Soirées au punch. — Le raout anglo-français de M. Privat. —

Appel à la garde nationale. — Description de la fête. — Deux speechs. — Fraternisation. — Chants nationaux.— Déluge de champagne. — Un autographe de Strauss. — Une fiche de consolation. — Toste de M. Privat. — A la reine Victoria.

CHAPITRE III.

Exploration à travers Paris. — Louis Blanc et Louis jaune. — Réponse heureuse. — Un sermon de charité. — Une preuve d'amitié et les bains de Saint-Gervais. — Le God save the Queen à l'Opéra. — La seconde dignité de France en omnibus. — Lettre adressée à M. Ph. Nind. — Visite et fête à la préfecture de la Seine. — La Marseillaise. — Le God save the Queen. — Banquet de la salle Valentino.—Discours de MM. Francisque, Bouvet Lloyd, Segalas, etc. — Beaux vers de M. Napoléon Theil. — Le café Tortoni. — Bouquet à la reine Victoria. — Réponse de M. Kennard. — Un jeune genteman et Mlle Verdurette. — Baiser sympathique. — Retour à l'Hôtel des Princes. — Le champagne et le God save the Queen.

CHAPITRE IV.

Soirée au groog. — Bouffées de tabac. — Joyeuses causeries. — Les quatre hémisphères. — La femme du Lys. — Singulier pari. — Que m'importe? — Le plus brave des braves.—Fête à la France donnée au Jardin d'Hiver. — Heure de l'adieu. — Départ. — M. Privat.

SECONDE PARTIE.

UNE SEMAINE A PARIS.

La manière de bien voir Paris.

PREMIÈRE JOURNÉE

Le meilleur point de départ. — Bibliothèque royale. — Son origine, ses curiosités. — Place du Palais-Royal. — Description historique. — Château royal des Tuileries. — Sa distribution intérieure, son histoire. — Ses jardins. — Le Louvre. — Ses musées. — Saint-Germain-l'Auxerrois, sa fondation, ses tombes. — La fontaine Molière. — Les Français. — Rachel.

SECONDE JOURNÉE.

La place Vendôme, colonne impérial. — La place Louis XV, ses richesses, ses souvenirs. — L'obélisque de Louqsor.

— Les Champs-Élysées, ce qu'il faudrait pour en faire les plus belles promenades du monde. — Palais de l'Élysée-Bourbon. — Ses hôtes illustres. — Gymnase du colonel Amoros. — Le Jardin d'Hiver, ses merveilles, ses bals, ses concerts, — Cirque national des Champs-Élysées. — Ses artistes. — Arc de l'Étoile. — L'Hypodrome. — Ses représentations équestres. — Trois églises. — Chapelle expiatoire de Louis XVI. — La Madeleine. — Notre-Dame-de-Lorette. — Académie royale de musique.

TROISIÈME JOURNÉE.

L'église de Saint-Eustache. — Historique. — Les pastoureaux. — Le moine Jacob et le citoyen Proudhon. — Les halles de Paris. — Les boulevards. — L'arc de Saint-Denis. — La porte Saint-Martin. — Le Temple. — Ses souvenirs. — Le théâtre royal des Italiens.

QUATRIÈME JOURNÉE.

Départ de l'hôtel des Princes. — Le Pont-Neuf. — Sa fondation. — La statue d'Henri IV. — Le Palais de Justice. — La Conciergerie. — Curieux détails. — La Sainte-Chapelle. — L'Hôtel-Dieu. — Notre-Dame. — Son architecture. — Son bourdon. — Saint-Gervais. — L'Hôtel-de-Ville. — Faits historiques. — Épouvantable exécution. — La tour Saint-Jacques. — Opéra-comique.

CINQUIÈME JOURNÉE.

La Bourse. — Rue Vivienne. — Château-d'Eau. — Place Royale. — Palois des Tournelles. — Curieux détails. — Statue équestre de Louis XIII. — La place de la Bastille. — Colonne de Juillet. — Le cimetière du Père Lachaise. — Ses tombes. — La caserne des Célestins. — Légende. — L'hospice des Quinze-Vingts. — Abattoir Popincourt. — Château de Vincennes. — Son histoire. — Le Donjon. — La Chapelle. — Le Gymnase.

SIXIÈME JOURNÉE.

Jardin des Plantes. — Ses galeries. — Ses curiosités. — Manufacture des Gobelins. — Saint-Etienne-du-Mont. — Tombeaux illustres. — Le Panthéon. — Les Catacombes. — Le Val-de-Grâce. — Le Palais du Luxembourg. — La purée d'ananas. — Petit-Luxembourg. — M. Boulay de la Meurthe. — L'Observatoire. — L'Odéon. — Saint-Sulpice. — Saint-Germain-des-Prés. — Saint-Séverin. — L'hôtel de Cluny. — L'Ecole de Beaux-Arts. — L'hôtel de la Monnaie. — Le palais de l'Institut. — I e Théâtre-Historique.

SEPTIÈME JOURNÉE.

Saint-Thomas-d'Aquin. — Le Musée d'Artillerie. — L'Assemblée nationale. — L'Hôtel royal des Invalides. — Le

Champ-de-Mars. — L'Ecole-Militaire. — L'abattoir de Grenelle. — Le Puits artésien. — Les Champs-Elysées. — Le château des Fleurs. — Le Jardin Mabile. — Le Chalet — Divers bals publics. — Rentrée à l'Hôtel des Princes. — Adieu et séparation.

CONCLUSION.

FIN DE LA TABLE.

www.ingramcontent.com/pod-product-compliance
Lightning Source LLC
Chambersburg PA
CBHW061959180426
43198CB00036B/1455